THORSTEN HAVENER

Ich sehe das, was du nicht sagst

THORSTEN HAVENER

Ich sehe das, was du nicht sagst

Körpersprache verstehen – Menschen lesen

YES

Originalausgabe
5. Auflage 2025

Nymphenburger Straße 86, D-80636 München
info@yes-publishing.de

Redaktion: Dr. Sybille Beck
Umschlaggestaltung: Ivan Kurylenko (hortasar covers)
Layout und Satz: Daniel Förster, Belgern
Druck: GGP Media GmbH, Pößneck
Printed in Germany

ISBN Print 978-3-96905-020-0
ISBN E-Book (EPUB, Mobi) 978-3-96905-021-7

INHALT

»Worte verbinden nur, wo unsere Wellenlängen längst übereinstimmen.«

Max Frisch

DIE LEISE SPRACHE – WAS DER KÖRPER FLÜSTERT

»Wenn sie ihre Lippen benetzt, während du mit ihr sprichst, findet sie dich attraktiv.«

Das war der erste Satz, den ich über Körpersprache gelesen habe. Ich war 14 Jahre alt und er stand in einem Zeitungsartikel. Den Artikel habe ich nicht mehr. Aber dieser Satz hat sich unmittelbar in mein Gedächtnis gebrannt. Erst viel später habe ich verstanden, wie maßgeblich er mein zukünftiges Leben beeinflusst hat. Es war einfach zu verführerisch. Das musste ich lernen: Wissen, was ein Mädchen denkt, während ich mit ihm spreche!

Ich habe es gelernt und die Faszination hält bis heute ins Erwachsenenleben an. Es ist mein Beruf, zu wissen, was in den Köpfen anderer Menschen vorgeht. Das begann zunächst mit der Zauberkunst, die ich zu dieser Zeit schon intensiv studiert habe. Der Zeitungsartikel hat dafür gesorgt, dass sich meine Vorführungen verändert haben. Ich habe die Zauberei mit Körpersprache- und Wahrnehmungs-Experimenten erweitert und mich zum »Gedankenleser« entwickelt. Meine Karriere hat mir mehrere eigene TV-Sendungen und Reisen um die ganze Welt ermöglicht. Ein Satz als Jugendlicher und das ihm anhaftende Versprechen, Mädchen verstehen zu können, haben mein Leben verwandelt. Ich habe nicht mehr nur Zaubertricks geübt, sondern bin regelmäßig in die Ortsbücherei geradelt, um mir dort sämtliche Bücher über Körpersprache auszuleihen und diese dann intensiv zu studieren. Ich habe sie gelesen, meistens bis meine Eltern mich gebeten haben, das Licht auszuschalten, und danach mit der Taschenlampe unter der Bettdecke wie Bastian Balthasar Bux in der *Unendlichen Geschichte*. In diesen Büchern standen tolle Geheimnisse: »Wenn sie die Lippen benetzt, möchte sie dich küssen.« Oder: »Wenn sie dich wie nebenbei am Arm berührt, möchte sie Nähe herstellen.« Leider habe ich heute keine Ahnung mehr, welche Bücher das waren. Es waren Lebenshilfe-Groschenbüchlein über Körpersprache. Die richtig guten Bücher habe ich erst später entdeckt. Meine Notizen dazu habe ich auch nicht mehr. Ich habe sie jedoch so oft gelesen, dass ich den Inhalt nahezu auswendig kenne.

Bei den Mädchen hat es erst mal überhaupt nicht so geklappt, wie ich mir das vorgestellt und die Bücher es mir versprochen hatten. Aber die Auftritte wurden besser und besser. Ich hatte mich in die Welt der Körpersprache gestürzt und konnte bei meinen Vorführungen immer öfter erkennen, wer wirklich begeistert ist und wer nur aus Höflichkeit zuschaut. Ich konnte erkennen, dass viele Menschen gut mit dem Mund lügen können, aber keine Ahnung haben, dass ihnen das mit ihrem Körper nicht gelingt. Ich habe meine eigene Körpersprache verbessert und wurde plötzlich zu mehr Auftritten eingeladen als zuvor. In der Schule konnte ich bei mündlichen Prüfungen erkennen, ob ich mich bei einer Antwort auf dem richtigen Weg befand, oder ob ich auf dem Holzweg war.

Nach dem Abitur habe ich während des Studiums als Tischzauberer gearbeitet. Wobei Arbeit es nicht wirklich trifft: Die Auftritte waren meine Leidenschaft. Als Tischzauberer war ich meist auf größeren Feiern und Festen engagiert, um die Gäste direkt an ihren Tischen anzusprechen und dort zu unterhalten. Auch hier nutzte ich mein Wissen über die Körpersprache intensiv. So achtete ich zum Beispiel auf die Füße (!) meiner Zuschauer. Wenn sie in meine Richtung zeigten, waren sie aufmerksam bei der Sache. Falls die Fußspitzen jedoch von mir weg zeigten, wusste ich, dass ich etwas tun musste, um die Aufmerksamkeit zurückzugewinnen, oder dass es Zeit war, den Tisch zu verlassen. Eine meiner Glanznummern war eine Geldscheinwanderung, bei der ein zuvor unterschriebener und anschließend verbrannter Geldschein eines Zuschauers in einer Zitrone wieder auftauchte, die die ganze Zeit über auf dem Tisch lag. Ich wusste, dass ich das Geld fast immer behalten durfte, wenn ich den entsprechenden Zuschauer kurz vor dem Erscheinen seines signierten Geldscheins anlächelte und an der Schulter oder am Oberarm berührte.

Wenn ich einer Gruppe einen Trick zeigte und jemand kam später dazu, wusste ich, dass ich diese Person, ohne ein Wort darüber zu verlieren, in die Gruppe einfügen konnte, indem ich ihr meinen Oberkörper zuneigte.

Die Zauberei hat mich zu einem guten Beobachter gemacht.

Ich achtete mehr darauf, wie etwas gesagt wurde. Welche Gesten und Körperhaltungen die Worte unterstützten. 1998 studierte ich Übersetzen und Dolmetschen in Monterey, Kalifornien. Während meines Studiums erkannte ich dort eines Tages, wann der Sprecher das Thema wechseln würde, wann er eine Pointe setzen würde und wann er alles zusammenfassen und seine Rede beenden würde. Ich kann mich noch gut erinnern, wie verblüfft meine Kollegin in der Dolmetscherkabine damals war.

Daraufhin widmete ich mich noch intensiver dem Zusammenspiel zwischen unseren Gedanken und unserem Verhalten. Ich las viel über Psychologie und Wahrnehmung.

Später, nach meinem Diplom, wurden die Auftritte größer und sie führten mich auf große Bühnen auf der ganzen Welt.

Hier habe ich gelernt, dass mein Gang, die Haltung meiner Hände und mein Blick in den ersten Sekunden darüber entscheiden können, wie der Auftritt sich entwickelt.

Ich wusste, dass die unterstützenden Gesten meiner Hände, während ich mit meinem Publikum redete, darüber entscheiden können, ob meine Information verstanden wird oder nicht.

Ich lernte, dass gewisse Gesten mit den Händen sogar dafür sorgen können, dass ein Zuschauer aus einer Reihe von Wörtern genau das Wort aussucht, das ich erwarte.

Ich habe gelernt, dass ich ein Geheimnis viel besser verbergen kann, wenn ich mit offenen Händen gestikuliere, und dass mein Publikum misstrauisch wird, wenn ich ihm nur meine Handrücken zeige.

Ich habe gelernt, dass ich die Aufregung eines Zuschauers sofort an seinem Gang erkennen kann. Und dass ich ihn sehr schnell und sanft beruhigen kann, indem ich ihn erst mit gehobenen Augenbrauen anschaue und dann anlächle.

Ich habe weiterhin gelernt, dass ich einen schwierigen und skeptischen Zuschauer besser unter Kontrolle behalte, wenn ich ihm ganz nah komme und so in seinen persönlichen Raum eindringe, ihm dann meinen Arm um die Schultern lege, um ihm so mitzuteilen, wem die Bühne in diesem Moment gehört.

Ich habe gelernt, dass Menschen mich nicht wirklich anlächeln, wenn nur der Mund lacht und nicht die Augen.

Ich habe gelernt, dass Menschen unglaublich viel von sich preisgeben, auch wenn sie kein Wort sprechen.

All das werden auch Sie in diesem Buch lernen!

Unsere Körpersprache ist leise – und doch sehr deutlich.

Das Körperlesen ermöglicht es uns, eine echte Verbindung mit anderen Menschen aufzubauen. Es befähigt uns, zu erkennen, wie sie sich gerade fühlen und wie sie denken. Das wiederum gibt uns die Möglichkeit, in jeder Situation adäquat zu reagieren.

Dabei geht es nicht darum, jede einzelne Geste eines Menschen mit einer festgelegten Bedeutung zu versehen oder einzelne Gesten losgelöst vom Kontext erschöpfend zu analysieren und zu beschreiben.

Vielmehr möchte ich Ihren Blick für die unermessliche Vielfalt möglicher Interpretationen schulen.

Und was die Mädchen betrifft: Ein paar Jahre nach meinen Besuchen in der Bücherei habe ich ein unglaubliches Mädchen getroffen. Bei unserer ersten Begegnung hat sie mich nebenbei am Arm berührt. Beim zweiten Date hat sie kurz ihre Lippen benetzt. Das ist inzwischen über 25 Jahre her. Es ist noch immer die stärkste Verbindung meines Lebens.

1

DU SAGST ES! – SEI FREI

»Da musst du anders drüber denken!«

Wie oft haben wir alle diesen Satz wohl schon gehört?

Wahrscheinlich sehr oft. Genau wie so viele andere Phrasen. Zum Beispiel: »Ändere deine Gedanken und du veränderst deine Welt.« Das ist ein Zitat von Norman Vincent Peale, einem der Begründer des positiven Denkens. Peale war Pfarrer und schrieb in den 1950er-Jahren den Megaseller *Die Kraft des positiven Denkens*. Ich stehe dem vorbehalt- und bedenkenlosen positiven Denken sehr kritisch gegenüber. Es ist meiner Meinung nach sogar hochgefährlich, sobald es die Realität verklärt und falsche Hoffnungen weckt.

Andererseits ist eine grundsätzlich positive Lebenseinstellung nicht nur gesünder – sie macht auch viel mehr Spaß. Also habe ich mich auf die Suche nach praktischen Ansätzen gemacht. Jedes Mal, wenn jemand Peale zitiert oder Sätze gesagt hat wie: »Da musst du anders drüber denken!«, habe ich einfach gefragt: »Alles klar, mache ich – und wie geht das?« Daraufhin schaute ich stets in schweigende Gesichter. Tatsächlich konnte mir jahrelang niemand eine praktische Antwort auf diese scheinbar so einfache Frage geben.

Vielleicht hilft es ja, die Perspektive zu wechseln und nicht beim Denken anzufangen, sondern bei der Handlung? Schließlich bringt ein Wechsel der Perspektive in vielen Fällen die Antwort mit sich. Zur Veranschaulichung ein Gedankenspiel, das ich in einem Vortrag des US-amerikanischen Schachmeisters Maurice Ashley gehört habe – und der hat immerhin den Großmeistertitel inne:

Bakterien, die sich innerhalb von 24 Stunden verdoppeln, werden einen See, den sie befallen haben, in genau 60 Tagen ausfüllen.

An welchem Tag war der See halb voll von ihnen?

Ohne über diese Aufgabe weiter nachzudenken, werden die meisten von uns wahrscheinlich aus dem Bauch heraus sagen: »Nach 30 Tagen.« Das passiert schnell. Vor allem, wenn man vom Anfang hin zum Schluss denkt.

Ändern wir jedoch die Perspektive und denken den Vorgang vom Ende zum Anfang. Durch die Richtungsänderung unserer Gedanken kommen wir auf eine ganz andere Lösung. Am 60. Tag füllten die Bakterien den See komplett aus. Wie voll muss er am 59. Tag gewesen sein? Wie voll am 58.? Bingo!

Daniel Kehlmann beschreibt in *Die Vermessung der Welt*, einer fiktiven Doppelbiografie über den Mathematiker Carl Friedrich Gauß und den Naturforscher Alexander von Humboldt, wie ein Grundschullehrer seine Ruhe haben wollte und den Schülern seiner Klasse die Aufgabe stellte, sämtliche Zahlen von 1 bis 100 zu addieren. Nach wenigen Minuten ging der siebenjährige Carl Friedrich Gauß zur Tafel und schrieb die richtige Lösung auf: 5050.

Gauß hatte dabei vom Ende zum Anfang gedacht. Anstatt 1+2+3+4+5 ... zu rechnen, wie es wohl fast jeder von uns getan hätte, nur um sich dann spätestens bei 27 zu verrechnen, fing Gauß mit der 100 an. Und ist dann von dieser Zahl zur 1 gegangen, dann von der 99 zur 2 usw. Er rechnete also 100 + 1 = 101; 99 + 2 = 101; 98 + 3 = 101 usw. Alle Paare ergeben 101. Das kann man 50-mal machen – also 50 x 101 = 5050.

Diese sogenannte Retroanalyse, eine Schachkomposition, kann uns ungeahnte Möglichkeiten eröffnen. Sie bietet eine weitere Möglichkeit, an Problemstellungen und Fragen heranzugehen.

Und möglicherweise auch eine sehr praktische Lösung, anders über etwas zu denken.

ÄNDERE DEINE GEDANKEN – ABER WIE? – DER HANDLUNGSKREISLAUF

Unsere Gedanken wirken sich auf unsere Handlungen aus. Um zu ergründen und zu verstehen, wie das funktioniert, hilft es, den Grundsatz »Es gibt keine Grenzen« zu beherzigen. Das bedeutet, dass es keine Grenzen zwischen Körper und Geist, zwischen Handeln und Denken, gibt. Alles hängt zusammen, ist miteinander verbunden und beeinflusst sich gegenseitig. Deshalb lohnt es sich, nicht beim Gedanken anzufangen, sondern bei der Handlung. Wir nutzen hier mal die Retroanalyse. Los geht's.

Wir handeln im Leben und machen dadurch Erfahrungen. Es formen sich Gedanken und Gefühle und Erinnerungen, unser Geist modifiziert sich.

An dieser Stelle möchte ich ganz knapp erklären, wie ich den Begriff »Geist« in diesem Zusammenhang benutze. Im englischen Sprachgebrauch gibt es den treffenden Begriff *mind*, der sich so leider nicht ins Deutsche übersetzen lässt. Er umfasst unsere Gedankenwelt und deren Zusammenwirken mit unserer Wahrnehmung (über unsere Sinne), unseren Intellekt (der das Wahrgenommene einordnet, zum Beispiel in Bekanntes und Unbekanntes) und unser Bewusstsein, das versteht, dass wir das Wahrgenommene individuell von unserem Standpunkt aus erleben und dass wir es von diesem Standpunkt aus einteilen. Eine mögliche Einteilung kann sein: »Das mag ich« oder: »Das mag ich nicht«. Oder auch: »Das weiß ich schon« und: »Das ist neu für mich«. Mit »Geist« meine ich hier also – sehr knapp vereinfacht – unsere Gedankenwelt und die verschiedenen Ebenen unseres Bewusstseins. Das Thema werden wir im Kapitel »Die Architekten unserer Existenz« noch eingehend beleuchten. Dazu also später noch viel mehr.

Zurück zu unserer Überlegung:

Wir beginnen mit einer Handlung und durch sie erfolgt eine Erfahrung. Auf diese Erfahrung folgen wiederum Gedanken, Gefühle und Erinnerungen. Durch diese Gedanken, Gefühle und Erinnerungen wird die Erfahrung gespeichert.

Der Clou: Diese Speicherung ist unbewusst und kommt später als Tendenz wieder. Das heißt, ich möchte die Erfahrung entweder wiederholen oder vermeiden.

Diese Muster bestimmen meine Handlungen. Was wir also als Gewohnheit oder Abneigung betrachten, ist eine Art, auf eine Erfahrung zu reagieren. Unsere Tendenzen sorgen dafür, dass wir unseren bisherigen Erfahrungen entsprechend handeln. So können Gewohnheiten entstehen.

Es entsteht ein Handlungskreislauf.

Was wir manchmal vergessen: Wir haben immer die Wahl! Wir können zwischen angebrachten und nicht angebrachten Gewohnheiten unterscheiden. Wir müssen darauf achten, dass Gewohnheiten sich nicht unreflektiert verselbstständigen. Wir sollten Dinge tun, weil sie angebracht sind, und nicht, weil wir es gewohnt sind.

Wer diesen Kreislauf kennt, kann überlegen, ob eine Handlung angebracht ist – oder eben nicht. Jede Erfahrung sorgt für eine Erinnerung. Sobald wir uns erinnern, vertiefen wir das Speichern. Um jetzt den Kreislauf der negativen Erinnerung zu durchbrechen, sollten wir die erforderlichen Handlungen durchführen. Das heißt, wir zäumen das Pferd einfach von hinten auf.

Anstatt willentlich unsere Gedanken zu ändern – was für die meisten von uns nahezu unmöglich ist –, fokussieren wir uns auf konstruk-

Handlungskreislauf

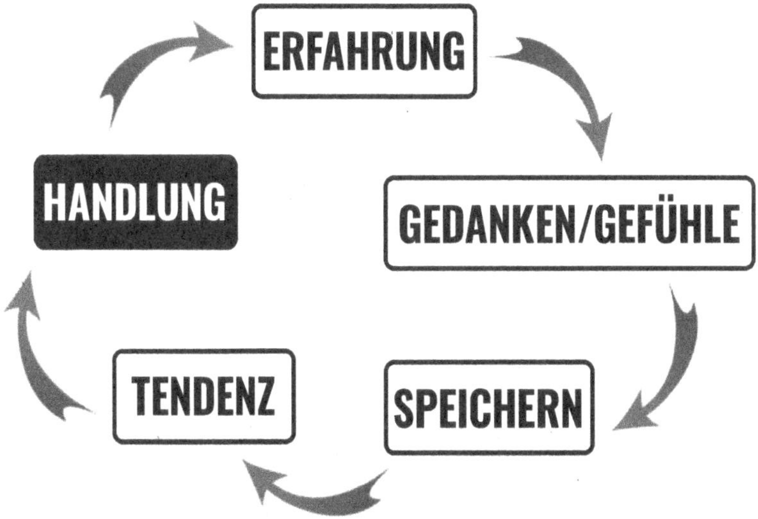

tive und zielgerichtete Handlungen und sorgen so für neue Erfahrungen, die uns anders denken lassen.

Wenn neue Handlungen erfolgen, ändert sich unser Bewusstsein.

»Ändere deine Gedanken« bedeutet also ganz praktisch: Mach einfach mal etwas anders als davor, dann kommst du auf neue Gedanken.

So viel zur Theorie – jetzt zur Anwendung und dem Zusammenspiel mit unserer Körpersprache. Ich habe die Methode des Handlungskreislaufs einmal in der ZDF-Sendung *Terra X* genutzt, um ein Experiment durchzuführen. Die Redaktion hatte mich angefragt und wollte wissen, mit welchen Methoden ich eine Gruppe von Menschen zu einem Bungeesprung aus großer Höhe motivieren kann. Oder auch zum Aufgeben. Ich habe mich auf den Grundsatz »Es gibt keine Grenzen«

berufen und den Handlungskreislauf praktisch eingesetzt. Wir haben zwölf Leute in Hamburg eingeladen, mit einem Bungeeseil an den Füßen von einem Hafenkran zu springen. Die Gruppe war bunt zusammengewürfelt. Die eine Hälfte Frauen, die andere Hälfte Männer. Alle zwischen 25 und 40 Jahre alt. Schon während der Fahrt zum Hafen stieg im Bus die Nervosität. Aus der Ferne ragten die Kräne hoch in die Luft. Aber als wir dann wirklich davorstanden, wurde allen klar, dass dieser Sprung kein Spaziersprung wird. Als ich mich vor der Gruppe bei einem der Mitarbeiter aus dem Sprungteam nach der Höhe des Krans erkundigte, überraschte er uns: 50 Meter. Bei vielen Teilnehmern gingen unweigerlich die Schultern ein Stück nach oben, die Augen weiteten sich und das Blut schoss aus dem Gesicht in die Beine. Alles Zeichen für Angst. Aber den Hals zu schützen, das Umfeld genauer zu beobachten oder sogar wegzurennen waren hier keine Option.

Wie motiviert man nun Menschen in einer solchen Extremsituation?

Ganz sicher nicht, indem man ihnen mit Worten sagt: »Keine Angst!«

Auch nicht, indem man ihnen sagt: »Ist doch halb so wild, da springen jeden Tag Leute runter ...«

Ich habe mich für eine Mischung aus Vorstellungskraft und Körpersprache entschieden. Zunächst bat ich diejenigen einen Schritt nach vorn zu treten, die sich nicht übermäßig fürchteten und die feste Absicht hatten, zu springen. Die, so mein ehrgeiziges Ziel, wollte ich dazu bringen, zu zweifeln oder sogar aufzugeben. Ich habe sie gebeten, sich auf einen Stuhl zu setzen und sich ganz klein zusammenzukauern. Außerdem sollten sie sich nicht bewegen. Das ist gewöhnlich eine Reaktion auf Angst: Wir machen uns klein und erstarren.

Die andere Gruppe habe ich gebeten, sich breitbeinig und mit erhobenen Armen hinzustellen – die klassische Pose der Sieger – und sich auf etwas Schönes zu konzentrieren. Das konnte alles sein: die bevorstehende Euphorie nach dem Sprung, aber auch ein schönes

Erlebnis oder auch nur das schöne Wetter und die angenehme Wärme der Sonne. Egal, was.

In dieser Pose und mit diesen Gedanken ließ ich die Probanden eine Minute verweilen. Eine Minute! Mehr brauchte es nicht.

Danach stiegen wir alle gemeinsam auf den Kran. Oben angekommen, habe ich die Zeit gestoppt, die die Teilnehmer zweifelten, bevor sie sich in die Tiefe stürzten. Aus der »Angst«-Gruppe (also der Gruppe, die sich eigentlich nicht sehr fürchtete, die ich aber in der Angst-Haltung verweilen ließ) sprang einer der Teilnehmer überhaupt nicht – obwohl er vor der Übung fest entschlossen war, zu springen. Die anderen Teilnehmer der »Angst«-Gruppe zögerten alle mindestens zehn Sekunden, bevor sie sprangen.

Aus der »Mut«-Gruppe (also der mit der Siegerpose) sprangen alle sofort nach dem Zeichen. Obwohl ich mit diesem Ergebnis gerechnet hatte, war ich erstaunt.

Um die Teilnehmer vor dem Sprung auf andere Gedanken zu bringen, habe ich nicht primär bei den Gedanken angesetzt. Vielmehr habe ich sie eine entsprechende Handlung ausführen lassen. Sie sollten nach meiner Anweisung körpersprachlich den Sprung antizipieren – entweder körperlich die Angst vor dem Absprung verstärken oder den Rausch nach dem Absprung vorwegnehmen.

Das ist der Trick.

Die entsprechende Handlung sorgt, wie oben beschrieben, ganz von allein für andere Gedanken und damit ändert sich wiederum die Tendenz – in diesem Fall ein schnellerer Absprung oder sogar die Weigerung, zu springen.

Wenn Sie also in Zukunft anders denken möchten und Ihnen das nicht gelingt, dann haben Sie von nun an eine hilfreiche Methode parat:

Ändern Sie Ihre Handlungen und Ihre Gedanken werden folgen.

Das Schöne an der Methode: Es ist ein Kreislauf. Und den können Sie überall durchbrechen. Sie können nämlich auch Ihre Handlungen verbessern, indem Sie sich gedanklich auf etwas Zielbringendes fokussieren. Der Körper folgt ebenfalls unweigerlich unseren Gedanken.

Was bedeutet das alles nun für uns angehende Körperleser?

Zunächst einmal halten wir fest, dass unsere Gedanken sich unweigerlich und unverzüglich auf unsere Gefühle und damit auf unsere Handlungen und unsere Körpersprache auswirken.

Um das zu verdeutlichen, machen Sie bitte folgende Übung:

- Setzen Sie sich bequem und aufrecht hin.
- Drehen Sie jetzt Ihren Kopf so weit wie möglich nach rechts. Wichtig: Drehen Sie nur den Kopf - die Schultern bleiben in ihrer Position und drehen sich nicht mit! Merken Sie sich, wie weit Sie den Kopf drehen konnten.
- Schließen Sie die Augen und stellen Sie sich intensiv bildlich vor, wie Sie Ihren Kopf wieder nach rechts drehen. Sie machen die Bewegung nicht wirklich, Sie stellen sie sich nur vor! Drehen Sie den Kopf in Ihren Gedanken viel weiter, als Sie ihn wirklich drehen konnten. Stellen Sie sich intensiv vor, wie Sie Ihren Kopf um 180 Grad nach hinten drehen. Bitte stellen Sie sich das nur vor!

Drehen Sie Ihren Kopf noch einmal so weit wie möglich nach rechts. Sie werden überrascht sein ...

Ihr Körper folgt Ihrer Vorstellungskraft und Ihre Vorstellungskraft folgt Ihrem Körper.

Es gibt keine Grenzen außer denen, die wir akzeptieren.

ICH LESE DICH – OFFENE UND GESCHLOSSENE GESTEN

Bitte nehmen Sie sich für die nächste Übung kurz Zeit.

Denken Sie intensiv an einen Moment, in dem Sie etwas gegessen haben, was Ihnen überhaupt nicht geschmeckt hat. Gehen Sie gedanklich genau in diese Erinnerung und schmecken Sie, was Sie damals geschmeckt haben, fühlen Sie, was Sie damals gefühlt haben.

Bitte lesen Sie erst weiter, wenn Sie das getan haben.

Als Nächstes denken Sie bitte an einen Moment, in dem Sie etwas gegessen haben, was Ihnen gut geschmeckt hat. Richtig köstlich! Auch hier konzentrieren Sie sich bitte genau auf dieses Erlebnis. Wie intensiv und angenehm war der Geschmack? Wie hat sich das angefühlt?

Wenn Sie sich stark auf Ihre Erinnerungen konzentriert haben, erfolgte darauf eine körperliche Reaktion.

Dic unangenehme Erinnerung bewirkt Anspannung – die angenehme Entspannung.

Zu Beginn meines Programms »Feuerproben« bitte ich eine junge Dame auf die Bühne und führe mit ihr vor Publikum genau die oben beschriebene Visualisierung durch.

Jeder kann sofort sehen, wie ihre Körpersprache sich beim unangenehmen Gedanken verschließt: wie sich die Schultern anspannen, wie der Atem kürzer wird und wie das Gesicht sich verzieht. Es ist fast unmerklich – aber eben nur fast. Sobald ich mein Publikum bitte, seine Aufmerksamkeit darauf zu richten, sehen es sogar die Zuschauer in der letzten Reihe.

Analog verhält es sich beim Gedanken an einen Leckerbissen im Mund. Hier zeigt sie körpersprachlich offene Gesten: Die Gesichtszüge werden sanfter, die Schultern entspannen sich und nicht selten atmet meine Zuschauerin lächelnd tief ein und wieder aus.

Danach schaue ich sie an und sage ihr exakt, welchen Geschmack sie geschmeckt hat und welches Essen sie liebt und welches sie verabscheut.

Jetzt gibt es genau zwei Möglichkeiten: Entweder ihre Augen werden größer, öffnen sich (Erstaunen) – oder sie werden kleiner, schließen sich (Skepsis).

Offenheit und Verschlossenheit sind die beiden Grundbausteine beim Körperlesen.

Schon Samy Molcho schreibt in seinem Buch *Körpersprache*: »Schließen (Kontraktion) und Öffnen sind die Bausteine unserer Körpersprache. Verkrampfung und Lockerung erkennen wir in ihren Signalen wieder.« Das, liebe Leserin und lieber Leser, ist nicht nur in unserer Körpersprache so, es ist ein universelles Gesetz. Unser ganzes Erleben lässt sich einteilen in Aktivität und Bewegung, Passivität und Stille. Maßlos gesteigert wird aus der Aktivität Stress oder auch Aggressivität und aus der Passivität Langeweile oder Lethargie. Es ist das alte Prinzip der Dualität.

Ein Geheimnis besteht darin, zwischen beidem die richtige Beziehung herzustellen. Wichtig: Es geht nicht um Balance, sondern um eine dynamische Harmonie – das richtige Zusammenspiel. Denn es gibt Momente, da brauchen wir mehr Aktivität, um unser Ziel zu erreichen, in anderen Augenblicken dagegen mehr Ruhe.

Wenn ich zum Beispiel vor einem Auftritt ein wenig nervös bin, brauche ich nichts, was diese leichte Nervosität abschwächt. Sie ist gut, denn sie hilft mir, mich zu konzentrieren. Wenn ich mich andererseits bei einem Strandurlaub in absoluter Entspannung befinde, brauche ich in einem solchen Moment keine Aktivität, um in »Balance« zu kommen. Der Moment entscheidet: dynamische Harmonie.

Wir alle kennen den Zustand chronischer Anspannung. Wenn jemand extrem angespannt vor uns steht, dann stecken dahinter sehr wahrscheinlich folgende Gründe:

- Zweifel
- Unsicherheit
- Angst
- Stress

Diese vier sind praktisch das Quartett des Leidens. Diese Zustände machen passiv und hemmen uns. Im Extremfall äußern sie sich körperlich in Steifheit, Lähmung und Kontraktion. So reagiert unser Körper auf zu viel Aktivität.

Zu viel Passivität macht ebenfalls handlungsunfähig. Wir sagen ja nicht umsonst »totenstill«. Bei zu viel Passivität werden wir lethargisch. Null Spannung bedeutet Stillstand. Eine Welle entsteht nur durch das Zusammenwirken von Aktivität und Passivität. Ein in einen stillen See geworfenes Steinchen zieht schöne Kreise im Wasser. Das optimale Zusammenspiel zwischen Aktivität und Passivität. Dasselbe Steinchen bildet bei starker Brandung keine Wellen, es versinkt fast ohne Spuren. Es fehlt die Passivität. Harmonie ist also grundsätzlich das Zusammenspiel von beidem. Das gilt ebenso für unsere Verständigung und damit natürlich auch für unsere Körpersprache. Wenn wir entspannt und körperlich locker sind, können wir beobachten und wahrnehmen. Wir haben einen offenen Blick. Wenn wir verkrampft sind, fällt uns das sehr viel schwerer. Wir sagen ja auch, jemand ist offen oder verschlossen. Wir können solche Signale gut am Körper lesen. Den Grund für die zugrunde liegenden Emotionen erfahren wir über diesen Weg jedoch nicht. Jemand kann aus vielen Gründen verschlossen sein. Es kann sein, dass die betreffende Person müde ist (zu passiv), sie kann ängstlich sein oder unsicher (zu aktiv). Auf den ersten Blick erkennen wir das oft nicht.

Viel wichtiger als der Grund ist in solchen Momenten unsere Reaktion auf unser Gegenüber. Als Faustregel können wir sagen, dass ein verkrampfter Mensch »zumacht« und nicht mehr »offen« ist. Er wird unsere Argumente nicht mehr annehmen. In solchen Situationen ist es fast immer ratsam, das Gespräch zu unterbrechen und dadurch Passivität in zu viel Aktivität zu bringen. Wir geben einfach das hinzu, was gerade fehlt. Dynamische Harmonie.

DA BLEIBT MIR DIE LUFT WEG – DIE ATMUNG

Das Zusammenspiel von Aktivität und Passivität lässt sich sehr gut an unserem Atem erkennen. Um zu leben, müssen wir ein- und ausatmen. Wir können nicht nur einatmen. Oder nur ausatmen.

Dabei wissen wir intuitiv, dass das Einatmen uns Kraft gibt. Vor einer großen Anstrengung atmen wir erst mal tief durch. Dadurch nehmen wir Sauerstoff auf, wir werden aktiver. Das Ausatmen befreit uns von verbrauchter Luft, es steht für das Loslassen.

Und zwischen jedem genommenen oder abgegebenen Atemzug liegt eine Phase der Ruhe, eine Pause. Die brauchen wir oft, um uns zu konzentrieren oder eine Entscheidung zu treffen. Allein durch das Beobachten des Atems lassen sich zahlreiche Rückschlüsse auf die Gefühlslage des anderen (und auch uns selbst) ziehen.

Wenn wir zum Beispiel erschrecken, dann atmen wir, oft sogar mit einem leisen Schrei, ruckartig ein und halten die Luft an. Das machen wir, um Kraft zu tanken, den Körper für die eventuell bevorstehende Flucht mit Sauerstoff zu versorgen und dann in der Pause blitzschnell eine Entscheidung zu fällen. Je nach Situation atmen wir dann langsam aus, um wieder in einen Zustand der Ruhe zu kommen, oder wir atmen explosionsartig aus, um die getankte Kraft nach außen abzugeben. Dasselbe machen wir beim Sport. Beim Liegestütz zum Beispiel atmen wir ein, wenn wir uns nach unten bewegen, um Kraft zu tanken für die bevorstehende Belastung. Beim Hochdrücken atmen wir stoßartig aus, um die Kraft nach außen abzugeben. In meinem Fall oft noch begleitet von einem Ächzen und Stöhnen ...

Im Idealfall ist unser Atem regelmäßig und harmonisch, wobei wir gewöhnlich ein wenig länger aus- als einatmen. Der ruhige Atem wirkt sich beruhigend auf den Körper aus und ein ruhiger Körper bewirkt wiederum einen regelmäßigen und ruhigen Atem.

Wenn wir traurig sind oder nicht weiterwissen, atmen wir länger aus als ein und machen eine Pause nach dem Ausatmen. Wir wollen die Situation nicht annehmen, atmen sie weg und atmen nur so viel ein wie gerade nötig.

Wenn wir freudig oder auch nervös sind – sehr aktive Zustände –, ändert sich unser Atem sofort. Das Herz schlägt schneller, wir brauchen mehr Sauerstoff und atmen in schnellerer Folge tiefer ein als aus. Auch hier gibt es keine Grenzen zwischen unserem körperlichen Befinden und unserem Atem. Einerseits: Wenn wir rennen, schlägt unser Herz schneller. Andererseits: Wenn wir sehr aufgeregt sind und unser Herz bis in die Schläfen pocht, können wir kaum stillstehen. Beide Zustände bedingen einander.

Wenn ich auf der Bühne mit einem Zuschauer arbeite, achte ich stark auf die Bewegungen der Schultern. Denn an ihrem Auf und Ab kann ich sehr gut ablesen, wie regelmäßig und tief er atmet. Wenn ich nun merke, dass der Atem zu lange angehalten wird oder zu schnell geht – beides Zeichen für zu viel Aktivität, auf der Bühne wahrscheinlich Nervosität –, besteht meine erste Maßnahme gewöhnlich darin, dass ich meinen Zuschauer aufmunternd anlächle. Dann mache ich mit ihm gemeinsam eine kurze Atemübung. Durch die Übung wird sein Atem sehr sanft und innerhalb kürzester Zeit geht er tief und regelmäßig. Da Atem und Puls eng miteinander verknüpft sind (Sie erinnern sich: Es gibt keine Grenzen), beruhigt sich der Puls ganz von allein.

Als meine Kinder noch klein waren und ich sie abends noch ins Bett bringen durfte, hatten wir vor dem Schlafengehen immer feste Rituale. Nach dem Zähneputzen habe ich ein Kapitel aus einem Kinderbuch vorgelesen (das habe ich ganz besonders geliebt) und danach haben wir eine gemeinsame Einschlafübung gemacht. Die bestand in großen Teilen aus ruhigem Atmen. Sobald die Kinder die Augen schlossen, habe ich sie am Arm von der Schulter abwärts zu den Händen hin gestreichelt. Bewegungen von oben nach unten beruhigen, sie bewirken Entspannung und Passivität. Auch hier ist die Regelmäßigkeit entscheidend. Sobald die Atmung der Kinder sich den langsamen und sanften Streichelbewegungen angepasst hatte, wusste ich, dass sie bald einschlafen würden. Meine Güte, ist das schon lange her ...

Bewegungen von unten nach oben hingegen wirken aktivierend. Die sind gut zum Aufwecken. Sie können das auch bei Ihrem Partner nutzen. Wenn Sie merken, dass Ihr Partner im Bett neben Ihnen müde ist, Sie aber vielleicht noch andere Pläne haben, ist es sehr ratsam, den Partner zum Kopf hin zu streicheln. Bei jeder Streichelbewegung setzen Sie dabei ein wenig weiter unten an als bei der vorherigen – Sie wissen schon, was ich meine. Wenn Ihr Partner nicht unter tagelangem Schlafmangel leidet, wirken diese Bewegungen animierend. Das ist übrigens der praktischste Tipp in diesem Buch.

ES GIBT KEINE GRENZEN – DIE ÄUSSERE HANDLUNG ZEIGT DIE INNERE HALTUNG

Wir haben einen tollen Hund. Einen Mischling – reinrassiger Straßenköter. Ich glaube, in ihm vereint sich praktisch jede Hunderasse, die es überhaupt gibt. Wir haben ihn von Sonja Zietlow. Ihre Organisation

»Beschützerinstinkte« gibt Straßenhunden ein Zuhause und vermittelt sie nach Deutschland. Unserer kommt aus Mallorca. Ein Spanier mit südländischem Temperament, so drücke ich es aus. Unsere Nachbarn sagen einfach, er würde viel kläffen.

Ich mag ihn so gern, weil er mich gut spiegelt. Wenn ich zum Beispiel mit ihm laufen gehe, er dagegen keine Lust mehr hat, geht er einfach nach Hause. Am Anfang hat mich das wirklich geärgert. Bis mir irgendwann klar wurde, dass ich ja auch nicht anders bin. Wenn ich auf irgendetwas überhaupt keine Lust habe und es in meinen Augen sinnlos ist, dann mache ich auch nicht weiter.

Interessanterweise kann ich inzwischen schon nach den ersten paar Metern erkennen, ob er die Runde mitrennt oder ob er irgendwann einfach umdreht und nach Hause läuft. Wenn er könnte, würde er mir dabei noch den Vogel zeigen.

Ich erkenne es, weil er dann anders läuft – er hält den Körper beim Laufen mehr seitlich diagonal, weniger geradeaus.

Bei uns Menschen ist das nicht anders. Ich habe früher mit meinen Kindern oft das Spiel gespielt, dass sie etwas verstecken durften, was ich dann wiederfinden musste. Am liebsten Süßigkeiten. Wenn ich sie wiederfand, aßen wir sie danach gemeinsam. Es gab auch folgenden Deal: Im Winter durften sie ihre Hausschuhe verstecken und nur, wenn ich sie wiederfand, mussten sie sie anziehen. Dabei müssen Sie wissen, dass meine Kinder Hausschuhe damals als eine Art Höchststrafe empfanden. Natürlich habe ich sowohl die Schokolade als auch die Hausschuhe immer gefunden. Hinter meiner Schallplattensammlung, im Bücherregal, beim Familiensilber, ja sogar ganz hinten am Weihnachtsbaum hängend. Dabei habe ich körpersprachlich auf nichts anderes geachtet als bei unserem Hund. Der Trick bestand jedes Mal darin, bei meinen Kindern auf die Ausrichtung des Oberkörpers und die Stellung der Füße zu achten.

Das können Sie beim Körperlesen genauso einsetzen. Wenn Sie mit jemandem reden und derjenige wendet Ihnen dabei das Gesicht zu, der Oberkörper und die Füße zeigen jedoch weg von Ihnen, dann ist derjenige in Gedanken schon dort, wo der Körper und die Füße gerade hinzeigen. Ich habe dieses Phänomen in meinem Buch *Ohne Worte* bereits beschrieben: Je weiter wir uns vom Kopf entfernen, desto weniger kontrollieren wir unsere Körpersprache. Wenn Sie sich mit jemandem unterhalten und derjenige möchte das Gespräch beenden, werden sein Körper und seine Füße sich neu ausrichten und von Ihnen weg zeigen. Sobald Sie dieses Signal beobachten, sollten Sie entweder einen neuen Aspekt ansprechen, um das Interesse Ihres Gesprächspartners zurückzugewinnen, oder Sie sollten das Gespräch beenden.

Wir können uns auch bei Gesprächen auf unsere beiden Grundbausteine der offenen oder geschlossenen Gesten verlassen, denn auch unsere Haltung kann entweder offen oder geschlossen sein. Schauen wir uns doch mal an, was diese Haltungen uns verraten und wie wir sie selbst aktiv nutzen können.

Ich habe mir diesbezüglich einiges von unserem spanischen Straßenköter abschauen können. Wenn er kampfbereit auf einen unerwünschten Besucher zurennt, läuft er frontal auf ihn zu. Wenn er jedoch zum Spielen zu einem meiner Kinder läuft, nähert er sich seitlich.

Genauso machen wir Menschen das auch. Wenn wir mit jemandem, der einen anderen Standpunkt vertritt, heftig diskutieren oder streiten, gehen wir frontal auf die Person zu. Dieses frontale Gegenüberstehen wirkt geschlossen und aggressiv. Wenn wir ein wenig Aggressivität herausnehmen wollen, können wir den Körper von unserem Gegenüber wegdrehen. Obwohl wir mit unseren Worten dasselbe sagen, werden wir dann nicht mehr als aggressiv, sondern eher als selbstbewusst wahrgenommen. Wir öffnen uns. Ich achte auf der Bühne genau darauf, dass ich zu meinen Zuschauern in einem Winkel von 45 Grad stehe. Manchmal sogar 90 Grad. Wenn Sie zu Ihrem Gegenüber schnell eine harmonische Verbindung aufbauen wollen, dann beginnt das schon mit Ihrem »Standpunkt«. Anstatt sich direkt gegenüber zu positionieren, stellen Sie sich einen gemeinsamen Punkt auf dem Boden vor Ihnen vor. Zu diesem Punkt bilden Sie ein gleichschenkliges Dreieck. Das ist übrigens eine ganz natürliche Reaktion. Wenn Sie zwei Menschen sehen, die sich so positioniert haben und miteinander reden, können Sie daraus schließen, dass die Diskussion auf Augenhöhe stattfindet. Die Anordnung lässt auch zu, dass andere sich dazustellen können. Eine Diskussion von Angesicht zu Angesicht ist dagegen überhaupt nicht einladend.

Angenommen, Sie sind auf einer Party und flirten mit einem interessanten Menschen. Um Harmonie herzustellen, haben Sie sich wie oben beschrieben positioniert. Es läuft alles prima. Jetzt kommt plötzlich eine weitere Person und stellt sich dazu. Das kann leicht passieren, denn das offene Dreieck lädt regelrecht dazu ein. Durch die dritte Person ändert sich die Dynamik grundlegend. Um der neuen Person diskret zu zeigen, dass sie gehen soll, können Sie jetzt ihren Körper auf den Flirtpartner ausrichten. Wenn Ihr Flirtpartner dem Signal folgt, wird der Dritte bald gehen. Er fühlt sich nicht willkommen.

Wenn Sie dagegen in einer Konfrontation sind und ein Dritter kommt Ihnen dabei zu Hilfe, können Sie die Situation deutlich entschärfen, indem Sie das Dreieck zu dieser neuen Person hin öffnen.

Und das alles, ohne ein einziges gesprochenes Wort zu ändern.

Falls Ihnen die Bewegung des Oberkörpers zu deutlich ist, können Sie sie auf die Füße verlagern und die Fußspitzen als Indikator benutzen. Im Aufzug machen wir das übrigens automatisch. Hier sind wir gezwungen, nah beisammenzustehen. Damit keine Konfrontation entsteht, schauen wir uns hier nur selten an, unser Blick geht zum Boden oder zu den Etagenknöpfen, oder wir beschäftigen uns mit unserer Kleidung oder was auch immer. Auch unsere Füße zeigen gewöhnlich voneinander weg und die Körper sind sich nicht zugewandt, sondern weichen sich aus.

Aus der oben beschriebenen offenen Haltung können wir natürlich jederzeit in die geschlossene Haltung wechseln. Je nach Situation schafft das nämlich nicht nur Konfrontation. Das geschilderte Ausschließen einer dritten Person kann auch Intimität und Nähe herstellen. Gerade beim Flirt teilen wir dem anderen durch unsere Zuwendung mit: »Du hast meine ungeteilte Aufmerksamkeit.«

Auch hier gilt freilich das Gesetz der Polarität: Dieselbe Geste kann Aggression oder Harmonie ausdrücken. Die Situation entscheidet. Und das Geschlecht.

Allan und Barbara Pease schreiben in ihrem Buch *Die kalte Schulter und der warme Händedruck* von Untersuchungen, die gezeigt haben, dass Männer frontale Annäherungen eher als Angriff deuten und diese Annäherung eher fürchten als Frauen. Letztere haben mehr Angst vor Angriffen von hinten. Das bedeutet für den Körperleser, dass er sich nicht frontal vor einem Mann aufstellen sollte, den er gerade erst getroffen hat. Von Männern wird diese Geste nämlich als Aggression gedeutet, von Frauen dagegen als Flirtsignal und Interesse. Als Mann sollten Sie es außerdem vermeiden, sich an eine Frau von hinten anzuschleichen, und sich ihr stattdessen von vorn und seitlich nähern.

EIN BLICK HINTER DIE MASKE – DAS GESICHT

Unser Gesicht hält das größte Spektrum für Gefühlsäußerungen bereit. Am Gesicht erkennen wir unsere Mitmenschen. Es spiegelt unsere Lebenserfahrungen und unsere Stimmungen stärker als jedes andere Körperteil. Wenn wir uns gut fühlen, bewegen sich unsere Gesichtszüge nach oben – die Muskeln heben sich. Je schlechter wir uns fühlen, desto mehr zieht es unsere Mimik nach unten. Das Gesicht wird dadurch ausdrucksloser, da es keine Gefühle zeigt. Diese Ausdruckslosigkeit wirkt sehr unangenehm auf unsere Mitmenschen.

Am meisten sprechen wir aber mit den Augen und unserem Blick.

Der Blick

»Seine Augen waren schwarzbraun und gaben nur selten Gefühle oder Absichten preis.« So beschreibt der amerikanische Schriftsteller Michael Connelly seinen wortkargen und ernsthaften Helden Harry Bosch. Die Bücher habe ich verschlungen und die gleichnamige Serie praktisch in einem Zug durchgeschaut. Connelly schreibt in der Tradition von Chandler und Simenon. Sätze wie Revolverschüsse: scharf, knapp und treffsicher.

Hier ein Beispiel von Chandler: »Ihre Augen wurden rund. Sie war perplex. Sie dachte nach. Ich kannte sie erst kurz, aber es war schon klar, dass das Denken ihr immer Mühe machen würde.« Wunderbar!

Auch hier: Nur ein Satz über ein Paar Augen und wir wissen Bescheid.

Ich habe noch ein schönes Zitat: »Ensel kniff die Augen zu schmalen Schlitzen zusammen, um auf seine Schwester den Eindruck der Unberechenbarkeit zu machen.« Das ist von Walter Moers, dessen Bücher ich ebenfalls liebe.

Wie vielfältig Blicke sein können und was sie über uns verraten, zeigt sich schon allein an der Vielzahl von Verben, die wir für das Sehen haben: schauen, sehen, beobachten, glotzen, stieren, mustern, spannen, fixieren, gaffen …

All das beschreibt das Zusammenspiel der Muskeln um unsere Augen, unserer Pupillen und unserer Blickrichtung und -dauer. Dabei hat der Blick zwei Funktionen: Er kann nach außen gerichtet sein oder nach innen. Der Blick hat daher einerseits das Potenzial, Gedanken preiszugeben, und andererseits, sie zu verbergen. Auch hier: Er ist offen oder geschlossen.

Weiterhin sorgt der Blick natürlich dafür, dass wir Informationen unserer Umwelt aufnehmen. Was wir sehen, wirkt sich wiederum darauf aus, wie wir denken, und folglich darauf, wie wir handeln und uns entwickeln.

Was wir an Menschen beobachten können, um sie zu lesen, ist eines der wichtigsten Themen dieses Buches. Was Blicke über andere verraten und wie wir über unsere Blicke die Wahrnehmung anderer Menschen lenken, darum geht es jetzt.

Das erste Mal, dass ich mich intensiv mit der Wirkung von Blicken beschäftigt habe, ist schon eine Weile her. Es war 1992 und ich habe mal wieder Zaubertricks einstudiert, anstatt für meine Leistungskurse in der Schule zu lernen. Ein kleines Bücherregal neben meinem Schreibtisch war mit meinen Schulbüchern gefüllt, ein etwas größeres mit Romanen und Biografien und drei sehr große mit Büchern über Zauberkunst. Ich habe in dieser Zeit praktisch jedes neue Buch und auch viele alte Bücher übers Zaubern bestellt und dann auch intensiv gelesen. Picasso sagte einmal: »Ohne große Einsamkeit ist keine ernsthafte Arbeit möglich.« Ich habe damals sehr ernsthaft gearbeitet. Und dennoch war ich meiner späteren Frau schon damals ohne es zu wissen tief verbunden, denn sie war diejenige, die die Bücher einpackte und zur Post brachte, die ich vom Saarland aus in München bestellte. Ihr Vater war (und ist immer noch) Händler für Zauberrequisiten und Bücher. Bei ihm habe ich die Bücher bestellt, die ich dann so leidenschaftlich studiert habe. Damals wusste ich nicht, dass meine geliebten Bücher jedes Mal durch die Hände meiner später so geliebten Frau gingen.

Ich saß also 1992 in Saarlouis und übte einen ganz speziellen Trick. Es war ein Kartenkunststück in drei Akten. Ein Zuschauer wählt eine Spielkarte, indem er sie aus einem Kartenfächer zieht. Ein zweiter Zuschauer wählt eine Karte, indem er sie nur anschaut, und ein dritter Zuschauer denkt lediglich an eine Karte. Die Kartenroutine bestand dann darin, dass ich alle drei Karten herausfinde. Ich hatte die Nummer ein paarmal ausprobiert und sie hat beim Publikum nicht die gewünschte Reaktion erzeugt. Die Zuschauer schienen eher verwirrt als verblüfft und haben auch nicht applaudiert. Das hat sich geändert, nachdem ich ein Büchlein eines kanadischen Zaubergenies bestellt hatte: Gary

Kurtz. Kurtz ist für mich noch immer einer der besten Close-up-Zauberkünstler seiner Generation. Später wurde er Mentalist und auch da ist er für mich eine Klasse für sich. Seine augenblickliche Situation ist ein Enigma: Er verschwand plötzlich von der Bildfläche und selbst gute Kollegen wissen nicht genau, was er heute macht. Ich liebe solche Geheimnisse. Zurück zu seinem Buch: In einem Kapitel beschrieb er die Macht der Augen für auftretende Zauberkünstler. Nachdem ich zwei seiner Methoden angewendet hatte, wurde die Kartennummer augenblicklich zum gewünschten Erfolg. Ich führte sie sehr lange vor. Hier die erste von zwei sehr praktischen Methoden:

> »Wenn du die Aufmerksamkeit auf eine Sache richten möchtest, dann schau sie dir selbst intensiv an.
>
> Wenn du möchtest, dass deine Zuschauer dich anschauen, dann schau deine Zuschauer an.«

Das war der erste wichtige Schritt, meine Zuschauer dazu zu bringen, im richtigen Moment nicht auf meine Hände, sondern auf mich zu schauen. Kurz vor der Trickhandlung habe ich auf meine Hände geschaut und damit sichergestellt, dass meine Zuschauer das ebenfalls machen. Danach habe ich meine Zuschauer angeschaut. Als ich gespürt habe, dass alle mich ansehen, habe ich die geheime Trickhandlung ausgeführt und erst dann habe ich wieder auf meine Hände geschaut. Wenn man es so liest, klingt das völlig naheliegend und plausibel. Aber um es zu entdecken und zu verinnerlichen, habe ich Jahre gebraucht.

Hier die zweite Methode:

> »Dreh deinen Kopf stark seitlich (weil du ganz fair sein willst), wenn ein Zuschauer etwas tut (sich zum Beispiel eine Karte aus

dem Spiel anschaut). Wenn du deinen Kopf zurückdrehst, um den oder die Zuschauer anzusprechen, werden seine Augen sich in deine hineinzoomen. Die Änderung des Fokus auf deine Augen ist sehr viel stärker als unter normalen Umständen. Probier es aus.«

Das habe ich – und der Unterschied war bemerkenswert. Mir wurde klar, dass ich hier auf Methoden gestoßen bin, die mir nicht nur als Zauberkünstler, sondern in jeder Situation, in der ich mit Menschen agiere, von großem Nutzen sein können.

Ich war angefixt und habe weiter recherchiert und noch mehr Bücher bestellt, die durch die Hände meiner späteren Frau ihren Weg zu mir gefunden haben. Eines der wichtigsten stammt von einem spanischen Zauberkünstler. Sein Name ist in Spanien Legende und er ist einer der brillantesten Köpfe, die sich je mit der Kunst des Zauberns beschäftigt haben: Juan Tamariz. Schauen Sie sich mal YouTube-Videos von ihm an und Sie werden spüren, dass Zauberei viel mehr ist als nur Tricks. Eines seiner Bücher heißt *Die fünf magischen Punkte.* Tamariz schreibt darin, dass ein Zauberkünstler zwei Voraussetzungen mitbringen muss, um ein guter und sensibler Zauberkünstler zu sein: erstens die Fähigkeit, durch scheinbar unmögliche Effekte eine Atmosphäre des Geheimnisvollen zu schaffen, und zweitens die Fähigkeit, mit dem Publikum in Kommunikation zu treten.

Die betreffende Stelle habe ich mir als 19-Jähriger schon angestrichen. Daneben steht in der Handschrift eines Schülers: »wichtig!!!«.

Weiter unten steht, dass wir »bei der Kommunikation mit dem Zuschauer und bei der Vermittlung des Gefühls des Unmöglichen vor allem auf uns selbst angewiesen sind«. Man könnte auch sagen: Alle Macht kommt von innen.

Das Mittel, das uns dabei zur Verfügung steht, ist unser Körper. Das Buch heißt deshalb *Die fünf magischen Punkte*, weil Tamariz Blick, Stimme, Händen, Körper und Füßen je ein Kapitel widmet.

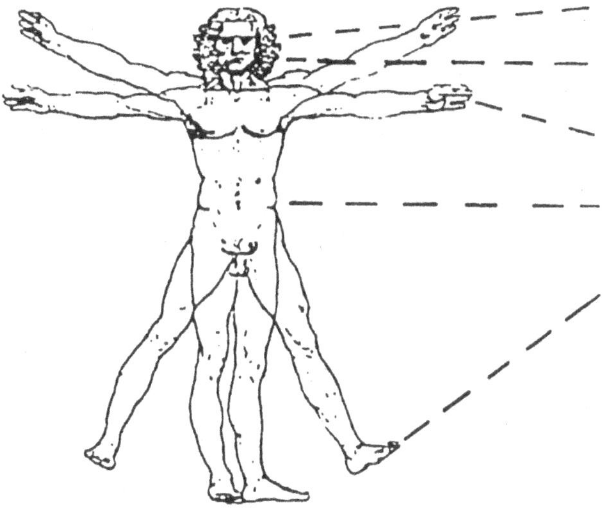

Der Blick steht bei Tamariz an erster Stelle. Und das nicht ohne Grund.

Bevor wir uns jetzt jedoch dem Blick widmen, möchte ich ein letztes Mal Tamariz zitieren. Zum einen als Verneigung vor diesem großen Zauberer. Zum anderen, weil er wunderbar in Worte gefasst hat, was mir als Autor auch sehr am Herzen liegt: »... meine Gedanken zu dem gestellten Thema erheben nicht den Anspruch darauf, ein für alle Mal richtig, für immer und ewig unverletzlich zu sein; sie sollen als Ratschlag dienen oder Diskussionen anregen. Lieber Leser, denke stets an diese Vorbemerkung, wenn auch mein Stil manchmal dogmatisch und leidenschaftlich klingt. Es soll nur dazu dienen, auch dich ein wenig mit meiner Leidenschaft anzustecken.«

Mit Blicken sprechen

Bevor wir mit dem Mund reden, sprechen die Augen. Jedes Mal, wenn wir mit einem Menschen sprechen, geht unser Blick voraus. Mit dem Blick vermitteln wir unsere innere Verfassung und Haltung:

Zuneigung, Wunsch nach Kontaktaufnahme, Anspannung, Überraschung, Entspannung, Enttäuschung, Wut, Angst, Liebe, Freude und, und, und. Daher ist es so wichtig, einem Menschen in die Augen zu sehen, bevor wir sprechen.

Wenn wir vor eine Gruppe von Menschen treten, will jeder in der Gruppe das Gefühl haben, angesprochen zu werden. Selbst wenn ich im Circus Krone in München oder in der Jahrhunderthalle in Frankfurt vor Tausenden Menschen auftrete, möchte jeder Einzelne im Publikum dieses Gefühl haben.

Tamariz beschreibt eine sehr gute Methode, die ich jedes Mal anwende und die auch Sie leicht für sich nutzen können. Egal, ob ich vor 20 Personen einen Vortrag halte oder in einem großen Theater vor großem Publikum stehe: Mein Blick wandert fächerartig von links nach rechts über alle Zuschauer. Ich stelle mir vor, meine Augen wären zwei Scheinwerfer, und ich leuchte den Raum mit ihnen einmal komplett aus. Probieren Sie es, es wirkt im wahrsten Sinne wie Zauberei.

Während ich diesen Fächer aus Licht aufziehe, denke ich intensiv: »Guten Abend. Wie schön, dass ihr alle hier seid. Ich freue mich auf einen tollen Abend mit euch und ich gebe alles, um euch ein tolles Programm zu zeigen.«

Ich sage das nicht laut, es wäre mir persönlich eine Spur zu dick aufgetragen. Aber ich denke es. Und wie meine Regisseurin Anka Zink mir vor langer Zeit als erstes Bühnenprinzip schon sagte: »Die innere Haltung ist die äußere Handlung.«

Mit diesem Satz hat sie mir mehr über Körpersprache beigebracht als die meisten Bücher. Es ist eines der wichtigsten Geheimnisse der Körpersprache. Wenn Sie gut gelaunt rüberkommen wollen, dann seien Sie gut gelaunt. Wenn Sie liebevoll rüberkommen wollen, dann seien Sie liebevoll. Wenn Sie autoritär rüberkommen wollen, dann seien Sie autoritär. Denken Sie die entsprechenden Gedanken und der Körper spricht sie von ganz allein aus.

Das können Sie vor einem Spiegel üben. Als Erstes bedecken Sie Mund und Nase, indem Sie sich ein Tuch vors Gesicht binden oder aus einem Stück Pappe ein Rechteck ausschneiden und es vor sich halten.

So sind nur die Augen zu sehen. Mit diesem Tuch oder Pappschild stellen Sie sich vor einen Spiegel und versuchen, nur mit den Augen Ihre Gefühle auszudrücken.

Nachdem Sie das vor einem Spiegel geübt haben, können Sie aus der Übung ein Spiel mit Freunden und Verwandten machen. Eine Art »Gefühlsscharade«. Schreiben Sie so viele Emotionen, wie Ihnen einfallen, auf kleine Zettel, die Sie in einer Schale einsammeln. Abwechselnd zieht jeder aus der Schale ein Gefühl und muss es mit verdecktem Gesicht allein durch die Augen transportieren. Sie werden in sehr kurzer Zeit sehr viel lernen.

Wenn Sie zum Beispiel einen Vortrag vor mehreren Leuten halten müssen, wird ein einmaliges »Ausleuchten« mit den Augen nicht ausreichen. Sie wollen die Verbindung mit den Augen aufrechterhalten. Auch hier gibt es ein sehr nützliches Bild. Eine weitere Methode von Tamariz. Picken Sie sich an verschiedenen Positionen im Publikum verteilt einzelne Zuschauer bzw. Zuhörer aus der Menge. Stellen Sie sich vor, Sie werfen jedem dieser Menschen mit jedem Blick einen Bindfaden zu. Durch diese imaginären Bindfäden stellen Sie eine Verbindung zu diesen Menschen her. Geben Sie acht, dass Sie dabei auch die Zuschauer an den Seiten, in der Mitte des Publikums und in den hinteren Reihen kontaktieren. Am Anfang habe ich praktisch nur die ersten Reihen mit einem Faden beschenkt. Das verzeihen einem die anderen Zuschauer nur kurz.

Das Werfen der Fäden ist nur der erste Schritt. Jetzt müssen Sie die Verbindungen auch aufrechterhalten. Und das geht so: Jedes Mal, wenn Sie einen Zuschauer anblicken, wird der Faden gespannt. Wenn Sie jetzt einen anderen Zuschauer ansehen, spannen Sie den Verbindungsfaden zu diesem anderen Zuschauer, der erste Faden hängt jedoch immer weiter durch. Sobald ein Faden den Boden berührt, weil Sie zu lange nicht hingeschaut haben, ist die Verbindung abgebrochen. Wenn Sie das bemerken, wenden Sie sich dieser Person wieder zu und knüpfen ganz souverän aufs Neue an.

Wenn Sie jedoch einen einzelnen Zuschauer zu lange anschauen, wird er sich irgendwann unwohl fühlen und den Blick von Ihnen abwenden. Dann ist der Faden zerrissen. In solchen Momenten können Sie Ihren Blick entweder einem anderen Zuschauer widmen und später wieder anknüpfen, oder Sie können Ihren Blick kurz auf eine Sache oder auch nach innen richten, während Sie eine schöne Formulierung suchen oder den nächsten Punkt gedanklich durchgehen.

Der nach innen gerichtete Blick ist eine tolle Methode, die Sie einsetzen können, wenn Sie alle Fäden gespannt haben und spüren, dass zwischen Ihnen und der Gruppe eine gute Verbindung besteht. Er wirkt sehr entspannend, hat aber auch die Möglichkeit, sehr kraftvoll und ehrlich zu wirken. In den sozialen Netzwerken kursiert nicht ohne Grund der Spruch: »In den Augen steht geschrieben, was das Herz sagen würde, wenn es einen Mund hätte.« Der nach innen gerichtete Blick ist eine Einladung an die Gäste, durch dieses Fenster in unser Inneres zu schauen. Das ist aber nur ein schöner Anblick, wenn unser Innerstes einladend schön, erfüllt und harmonisch ist. Sonst wird der Zuschauer enttäuscht. Haben Sie beim nach innen gerichteten Blick also bitte die richtigen Gedanken.

Ihr Gedankenspiel hat das Ziel, die Fäden so zu spinnen, dass sie schön straff gespannt sind und weder reißen noch erschlaffen. Sie knüpfen ein straffes Netz mit Ihren Zuschauern. Diese innere Haltung wird zur äußeren Handlung. Die Verbindung wird stärker.

Haben Sie bei einem Gespräch zu zweit nur eine Person, mit der Sie eine Verbindung aufbauen möchten, gibt es ein zusätzliches bedeutendes Detail für den Blick: Schauen Sie Ihrem Gesprächspartner zwischen die Augen. Dadurch fixieren Sie Ihren Blick und wirken extrem fokussiert, weil Ihre Augen sich nicht bewegen.

Ich habe es schon geschafft, Zuschauer ohne ein Wort in eine leichte Trance zu schicken, indem ich sie lediglich einige Augenblicke konzentriert so angeschaut habe. Diese Methode ist mit Vorsicht zu benutzen: Da Ihr Blick so stark wirkt, kann er in einigen Momenten auch als Wille zur Konfrontation verstanden werden. Wenn die Lage angespannt ist, verstärkt er die Anspannung.

Ich nutze ihn, um einerseits meine Führungsposition auf der Bühne körpersprachlich zu verdeutlichen und andererseits, wenn ich mit meinen Kindern mal ein ernstes Wörtchen reden muss und so zeige, dass ich in der Diskussion nicht zu Späßen aufgelegt bin. Auf der Bühne schaue ich daher recht häufig so, zu Hause praktisch nie ...

Um blitzschnell eine harmonische Verbindung herzustellen, gibt es eine weitere sehr praktische Methode. Zunächst gleichen Sie Ihren Atem an den des Gegenübers an. Sie atmen also gleichzeitig mit ihm ein und aus. Dann verbinden Sie Ihren Atem mit zwei Punkten, auf die Sie sich gedanklich konzentrieren. Für unseren Blick bedeutet das: Sie fixieren beim gemeinsamen Einatmen ein Auge Ihres Gegenübers und beim Ausatmen das andere. Das machen Sie einige Atemzüge lang. Mit dieser Methode können Sie es schaffen, mit Ihrem Gesprächspartner regelrecht »eins zu werden«. Benutzen Sie diese Methode bitte mit viel Verantwortung, denn sie ist sehr stark und die Resultate können sehr intensiv sein.

Sie können diesen Blick einsetzen, wenn Sie einen Streit schlichten möchten, oder in Situationen, in denen Sie Vertrauen aufbauen wollen.

Ich benutze diese Technik, wenn ich merke, dass ein Zuschauer sehr nervös ist, oder auch, wenn eins meiner Kinder völlig aufgelöst zu mir kommt und um Rat fragt. Gestern hat meine fünfjährige Nichte sich bei uns zu Hause das Knie aufgeschürft und kam weinend zu uns gerannt. Das war ein typischer Moment für diesen Blick. Er hat in Sekunden gewirkt. Fairerweise sollte ich jedoch sagen, dass ich den Blick mit einem leckeren Erdbeereis ergänzt habe. So ein Eis kühlt die Schürfwunde ja von innen ...

Blickdauer

Der dänische Wissenschaftler Dr. Gerhard Nielsen untersuchte in einer Studie die Dauer unseres Blicks und staunte nicht schlecht: Wir schauen uns bei Gesprächen nur sehr wenig an. So fand Nielsen heraus, dass Leute, die viel sprechen, ihren Gesprächspartner dabei kaum ansehen.

Wenn wir dagegen zuhören, schauen wir unserem Gesprächspartner ins Gesicht. Wenn Sie also selbst viel reden, nehmen Sie sich nicht nur die Möglichkeit, den anderen reden zu lassen und so etwas von ihm zu erfahren, Sie sehen auch weniger von ihrem Gegenüber und können ihn dadurch schlechter lesen.

Als Körperleser mit diesem Wissen sollten wir uns vornehmen, den anderen öfter zu Wort kommen zu lassen, um seine Körpersprache besser verstehen zu können.

Nielsen fand heraus, dass wir in der Regel wegblicken, sobald wir zu reden anfangen. Er konnte es sogar in Prozenten festmachen: Bei 25 Prozent der Gelegenheiten, bei denen wir das Wort ergreifen, schauen wir von unserem Gegenüber weg. Wir tun das, weil wir uns von nichts ablenken lassen wollen, während wir sprechen, so Nielsen.

Ein weiterer Forscher, der die Dauer von Blicken während Gesprächen untersucht hat, ist Dr. Ralph V. Exline von der University of Delaware. In seiner Studie wurden 40 männliche und weibliche Studenten und Studentinnen interviewt. Die Hälfte von ihnen von einem Mann, die andere Hälfte von einer Frau. In den jeweiligen Gruppen wurden der Hälfte der Teilnehmer persönliche und intime Fragen zu

Wünschen und Bedürfnissen gestellt. Die andere Hälfte wurde über Themen wie Filme oder Sport befragt. Und jetzt kommt's: Diejenigen, die über persönliche Dinge befragt wurden, schauten den Fragesteller seltener an als die anderen. Die Frauen schauten dabei jedoch generell öfter den Interviewer an als die Männer.

Die Erkenntnis ist für uns Körperleser sehr wichtig: Wenn ein Gesprächspartner sein Gegenüber beim Sprechen nicht anschaut, erzählt er wahrscheinlich etwas Persönliches und möchte nicht unterbrochen werden. Von nun an können Sie im Café, im Restaurant und an allen öffentlichen Orten beobachten, wer möglicherweise gerade über etwas Persönliches redet und wer nicht.

Wenn wir unserem Gesprächspartner in die Augen sehen, ist das ein Signal der Kontaktaufnahme. Die gibt dem anderen die Möglichkeit, uns beim nächsten Einatmen oder der nächsten kurzen Pause zu unterbrechen. Wenn wir jedoch beim Reden diesen Kontakt nicht aufnehmen, sagen wir damit durch unseren Blick: »Ich bin noch nicht fertig und möchte meinen Gedanken noch zu Ende führen.«

Exline fand noch mehr heraus: Wenn wir jemandem zuhören und dabei an ihm vorbeischauen, drücken wir damit aus, dass wir mit dem, was er sagt, nicht ganz einer Meinung sind. Wenn wir dagegen denjenigen, der mit uns redet, beim Zuhören direkt anschauen, lassen wir damit durchblicken: »Was du sagst, interessiert mich«, oder: »Ich bin deiner Meinung«.

Wenn wir den direkten Blick vermeiden, während wir selbst sprechen, sagen wir über diesen ausweichenden Blick: »Ich bin auch nicht ganz sicher, ob das, was ich da sage, so stimmt.« Schauen wir dagegen beim Reden unser Gegenüber direkt an, dann heißt das: »Da bin ich ganz sicher.« Wenn Sie also jemanden überzeugen möchten, dann schauen Sie dieser Person unbedingt ins Gesicht, während Sie mit ihr reden! Beim Gehaltsgespräch, in einer Verhandlung und – für meine jugendlichen Leser – wenn ihr mehr Taschengeld wollt.

All diese Bedeutungen können wir über den Blick lesen. Ist das nicht großartig?

Wenn wir den anderen nicht anschauen, glauben wir, dass er uns im Gegenzug auch nicht genau beobachten kann. Wie ein kleines Kind, das sich die Augen zuhält und denkt, es wäre dadurch unsichtbar.

Weitere Einblicke zu den Augen können wir über die Studien des amerikanischen Linguisten Prof. Ray Birdwhistell erlangen. Birdwhistell fand heraus, dass wir nicht nur über die Blickdauer und Richtung, sondern auch über das Schließen der Augenlider Informationen über unsere Gesprächspartner erhalten können. Birdwhistell unterschied dabei 23 verschiedene Arten des Schließens der Lider. Keine Sorge, die gehen wir jetzt nicht alle durch, denn nur vier von diesen 23 haben eine klare Bedeutung: geöffnete Augen, leicht hängende Lider, leicht blinzelnde Lider, fast geschlossene Lider. Und hier kommen wieder unsere Grundbausteine ins Spiel. Geöffnete Augen bedeuten: Ich will quantitativ mehr Information. Also bitte viele Fakten. Je weiter wir die Augen schließen, desto mehr verschließen wir unseren Kanal. Wir wollen das, was uns da gesagt wird, nicht sehen.

Kneifen wir jedoch die Augen zusammen und fixieren unseren Gesprächspartner, während er mit uns spricht, sagen wir: »Ich will qualitativ mehr Information. Über diesen konkreten Punkt möchte ich mehr erfahren.«

All das können wir in anderen erkennen. In einem – und durch einen – einzigen Augenblick.

Die Augenpartie

Die Methoden im vorangegangenen Abschnitt sind deshalb so praktisch, weil wir die Augen unserer Mitmenschen so gut beobachten können. Wir sehen die Augen praktisch immer, außer wir telefonieren.

Aber selbst in einem Online-Treffen über Videochatprogramme wie Zoom oder Skype lassen sich die Augen gut beobachten. Lediglich eine Sonnenbrille schirmt die Augen vor der Umwelt ab und nimmt dem Körperleser damit eine wichtige Informationsquelle.

Udo Lindenberg wurde in einem Interview einmal gefragt, warum er immer eine Sonnenbrille trage. Warum er seine Augen immer schützen wolle. Seine Antwort war typisch Udo: Er trage die Brille nicht nur, um sich zu schützen, sondern vor allem zum Schutz der anderen. Auf seiner Website wiederholt er das. »Hut, Brille, multifunktional – flexibilistisch! Ritterrüstung und Abschirmdienst. Zum Schutz der sensiblen Seele … und wie ein Meisterdetektiv alles abchecken (und keiner weiß Bescheid). Die Brille trag ich aber auch, um die Damen (und Herren) nicht in unnötige Liebes-Irritationen zu stürzen, wenn sie direkt durch meine Augen in die hinreißenden Abgründe meiner Seele blicken …«

Aber warum lassen sich unsere Augen so gut beobachten? Ganz einfach: Weil die Natur das so für uns Menschen eingerichtet hat. Wir sind die einzigen Primaten mit einem weißen Rand im Augapfel (diesen Rand nennt man Sklera, bitte für den nächsten Small Talk merken). Die Natur hat diesen Rand geschaffen, damit wir besser miteinander kommunizieren können. Über die Sklera sehen wir auch über einige Meter Entfernung, wo unser Gegenüber hinschaut. Der Blick verrät, wie wir ja jetzt wissen, viel über unsere Emotionen und Gedanken. Frauen haben übrigens einen größeren weißen Rand im Auge als Männer.

Nur so nebenbei: An der Sklera können wir unter Umständen ablesen, ob unser Gesprächspartner gereizt ist, müde oder gar Probleme mit der Leber hat. Klares und strahlendes Augenweiß ist ein Zeichen von Gesundheit. Sobald wir müde werden, färbt es sich leicht rot. Bei großer Wut und Trauer ebenfalls. Eine gelbliche Sklera kann Hinweise auf eine Lebererkrankung geben und bei älteren Menschen trübt sie sich meist und verfärbt sich gräulich.

Um unsere Augen in einem Gespräch zu betonen, ziehen wir gewöhnlich die Augenbrauen nach oben. Das tun wir immer, wenn wir das, was der Mund sagt, mit den Augenbrauen unterstreichen wollen. Sobald die Augenbrauen mitreden, ist das Thema für uns von emotionaler Bedeutung. Die Geste selbst ist älter als die Menschheit, auch Affen nutzen sie zum Gruß. Die Bewegung, die durch das kurze Hochziehen und Fallenlassen der Augenbrauen entsteht, lenkt die Aufmerksamkeit unseres Gesprächspartners auf unser Gesicht. Sobald wir sehen, dass unser Gegenüber sich auf unser Gesicht konzentriert, wissen wir, dass wir Informationen austauschen können. Aber Achtung: Das ist nur der Fall, wenn die Geste von kurzer Dauer ist. Bleiben die Augenbrauen zu lange oben und die Augen weiten sich, dann ist das ein Zeichen für Angst. Das sollten wir nicht verwechseln.

Das Ehepaar Pease beschreibt in *Die kalte Schulter und der warme Händedruck* einen schönen Test, den ich auf Tournee sehr oft zum Spaß mache.

Um selbst zu erleben, wie stark gehobene Augenbrauen auf andere Menschen wirken, suchen Sie sich einen öffentlichen Ort, eine Hotellobby oder ein Café zum Beispiel. Jetzt heben Sie bei jedem, der an Ihnen vorbeigeht, die Augenbrauen, während Sie ihn anschauen. Ich habe daran einen Heidenspaß. Sie werden sehen, fast jeder lächelt Sie an, an guten Tagen kommen sogar Fremde zu Ihnen und beginnen ein kurzes Gespräch. Wenn Sie einen emotionalen Gesprächseinstieg wollen und sympathisch wirken möchten, dann begrüßen Sie Ihre Mitmenschen mit hochgezogenen Augenbrauen. Nur ein Hundewelpe an Ihrer Seite wirkt noch stärker.

Wenn die gehobenen Augenbrauen in der Körpersprache gleichbedeutend mit dem Öffnen sind, dann bedeuten zusammengezogene Augenbrauen das Gegenteil: die Schließung. Das Schließen bedeutet »Ich fokussiere meine Aufmerksamkeit auf dich, ich habe dich im Visier«.

Im legendären Western *Spiel mir das Lied vom Tod* können wir genau beobachten, wie die Gegner sich vor dem tödlichen Duell ins Fadenkreuz nehmen. Sie schauen beim Duell nicht auf die Hand ihres Gegners, sondern in seine Augen. Natürlich handelt es sich um einen Film. Aber der Regisseur Sergio Leone wusste genau, dass die Augen schneller verraten, wer als Erster zieht, als die Hände. Und wir spüren, dass sich hier zwei Gegner auf Leben und Tod gegenüberstehen, weil zusammengekniffene Augen ein Zeichen von Aggression und Dominanz sind.

Eine Ausnahme kenne ich jedoch. Wenn ich einen oder mehrere Zuschauer auf der Bühne habe, achte ich die ersten paar Minuten nicht auf dieses Signal. Auf der Bühne ist es nämlich sehr hell. Sobald man sie betritt, ist man praktisch geblendet und erkennt mit ein wenig Glück gerade mal die ersten beiden Reihen. Mit der Zeit gewöhnen sich die Augen ans Scheinwerferlicht. Aber in den ersten paar Minuten bin ich als Akteur praktisch blind. Wenn also ein Zuschauer in den ersten Augenblicken die Augen zusammenkneift, lese ich darin kein Zeichen von Aggression.

Auch ein vermehrtes Blinzeln ist auf der Bühne meistens dem grellen Licht geschuldet. Im Alltag ist übermäßiges Blinzeln dagegen ein sehr verlässliches Signal für Stress und Unwohlsein. Blinzeln ist sowieso ein schönes Thema: Gewöhnlich beträgt unsere Blinzelrate sechs bis acht Wimpernschläge pro Minute. Wir denken nicht darüber nach. Das hat sich für Sie jetzt geändert. Nach dem Lesen der letzten Zeilen denken Sie plötzlich darüber nach. Das passiert, wenn wir uns einen unbewussten Vorgang plötzlich ganz bewusst machen. In einigen Augenblicken ist das aber vorbei. Unsere Blinzelrate erhöht sich, sobald wir nervös und gestresst sind. Auch beim Lügen blinzeln viele Menschen häufiger.

Außer der Häufigkeit können wir sehr gut auf die Dauer des Blinzelns achten. Manche Menschen schließen bei neuen Themen die Augen beim Blinzeln länger als davor. Oder wenn ein neuer Gesprächspartner dazukommt. Das lange Blinzeln ist gewöhnlich ein sehr klares Signal: »Ich will dich eigentlich gar nicht sehen.« Oder – wenn es länger andauert auch: »Das Thema nervt mich.«

Der Langzeitblinzler macht die Augen länger zu, um uns nicht anschauen zu müssen. Das Signal bedeutet entweder »Du langweilst mich«, »Du interessierst mich nicht« oder »Ich bin besser als du.« Derjenige will möglichst wenig von uns sehen und schließt deshalb länger die Augen. Gerade beim Flirt ein verheerendes Signal. Aber ein guter Tipp für Frauen, die ihrem Gegenüber unbewusst das »Zieh Leine«-Signal geben wollen. Schließen Sie beim Blinzeln länger die Augen und schauen Sie dem Gesprächspartner nur wenig ins Gesicht.

Wenn Sie jedoch ein Opfer eines arroganten Langzeitblinzlers sind und sich subtil wehren wollen, dann benutzen Sie folgende Technik: Wenn Ihr Gegenüber zum wiederholten Mal länger blinzelt, dann bewegen Sie sich währenddessen schnell ein Stück zur Seite, weg von Ihrem ursprünglichen Platz. Wenn der andere jetzt seine Augen wieder öffnet, haben Sie für ihn einen kleinen Zaubertrick vorgeführt: Sie sind kurz verschwunden. Sein Blick geht ins Leere. Er muss Sie erst wieder suchen und das ist sehr irritierend. In jedem Fall zwingt es den anderen, Ihnen mehr Aufmerksamkeit zu widmen.

Wenn Sie dagegen merken, dass Ihnen jemand tief in die Augen schaut, dann ist derjenige sehr interessiert an Ihnen. Der Blick ins Auge ist, wie Tamariz so schön sagt, die Einladung in Ihr Haus.

Partneragenturen haben in Studien ermittelt, dass der Blick in die Augen am schnellsten Intimität herstellt. Paare, die sich beim ersten Treffen viel in die Augen gesehen haben, haben ihre Wahrscheinlichkeit auf ein zweites Treffen damit um 200 Prozent (!) erhöht. Also auch hier: Wenn Sie sich kein weiteres Mal treffen möchten, dann vermeiden Sie den Blick in die Augen. Noch ein Tipp: Reden Sie lauter als Ihr Gegenüber, killt das die Verbindung zwischen Ihnen. Der andere redet dann in der Regel auch lauter. Dieses vorweggenommene »Anschreien« ist sehr disharmonisch. Ein weiteres Treffen ist dann eher unwahrscheinlich.

Am Anfang meiner Bühnenkarriere habe ich meinen Zuschauern immer durchgehend in die Augen geschaut. Ich dachte mir: »Schneller kannst du keinen Kontakt aufbauen. Schau durchgehend in die Augen der Zuschauer.« Beim Flirt mag das richtig sein und auch bei intensiven Gesprächen und Treffen mit Freunden. Aber auf das Kennenlernen und die ersten Sekunden eines Gesprächs trifft das nicht zu. Auch Verkäufer, die uns die ganze Zeit in die Augen schauen, bauen dadurch keine Nähe, sondern eher Distanz auf. Das liegt daran, dass beim Begrüßen und Kennenlernen andere Regeln gelten. Es ist gegen den natürlichen Ablauf.

Es liegt in unserer Natur, dass wir als Männer beim ersten Kennenlernen einen Gesamteindruck von der Frau erlangen wollen: Gesicht, Frisur, Beine, Figur, Arme, Oberkörper. Wenn eine Frau mir jetzt als Mann die Möglichkeit nimmt, diesen Gesamteindruck zu erhalten, weil sie mir durchgehend in die Augen schaut, dann fühle ich mich unwohl. Um den Gesamteindruck zu bekommen, bin ich gezwungen, meine Gesprächspartnerin mit verstohlenen Blicken zu beobachten.

Frauen können besser peripher beobachten, also etwas wahrnehmen, ohne den Blick direkt darauf zu richten. Auch sie wollen bei Männern die Haare, die Kleidung, die Hände und den Körper betrachten, um einen Gesamteindruck zu bekommen. Ich habe mir sagen lassen, dass einige Frauen sogar die Fersenseite der Schuhe betrachten, wenn Männer sich von ihnen wegbewegen. Recht haben sie! Wenn ein Mann schon ungepflegte Schuhe hat, dann legt er keinen Wert auf Details. Aber das nur am Rande.

Also: Egal ob Männer oder Frauen, wir wollen beim ersten Kennenlernen einen Gesamteindruck unseres Gesprächspartners. Und den bekommen wir nicht rein über die Augen. Das Kennenlernen beginnt zwar mit den Augen, danach wollen wir unseren Blick aber über den restlichen Körper unseres Gesprächspartners wandern lassen. Teilweise bis auf die Rückseite der Schuhe. Danach gleitet der Blick zurück in die Augen. Wie können wir unserem Gegenüber die Möglichkeit dazu geben, die Augen von unserem Blick abzuwenden und auf unseren Körper zu richten?

Auf der Bühne gebe ich meinen Zuschauern eine Aufgabe. Ich lasse sie zum Beispiel ein Kartenspiel mischen. Bevor ich ihnen das Spiel aushändige, mische ich es selbst kurz und schaue dabei auf meine Hände. Mein Blick auf die Karten gibt meinen Zuschauern die Gelegenheit, ihren Blick ungestört über meinen Körper wandern zu lassen und mir danach wieder in die Augen zu schauen.

Diese Methode können Sie auch anwenden. Bei einem ersten Gespräch grüßen Sie Ihren Gesprächspartner, schütteln ihm die Hand und blicken ihm in die Augen. Danach schauen Sie kurz nach unten, zum Beispiel auf den Stuhl, der Ihnen angeboten wird – oder auf Ihre Aktentasche, während Sie sie öffnen. Nehmen Sie einen Stift aus Ihrer Tasche oder hängen Sie die Jacke auf. Ziehen Sie den Stuhl zu sich. Irgendetwas in dieser Art. Danach schauen Sie Ihrem Gesprächspartner wieder ins Gesicht. Sie werden merken, egal ob Mitarbeitergespräch, Flirt oder Verkaufsgespräch – Sie bauen so viel schneller eine gute Verbindung auf, als wenn Sie Ihrem Gegenüber vom ersten Moment an durchgehend fest in die Augen schauen.

Der Mund

Um die Gesichter anderer Menschen lesen zu können, reicht der Blick in die Augen nicht aus. Wir brauchen das Zusammenspiel der ganzen

Mimik. Der Mund spricht eben nicht allein mit Wörtern. Das Gesicht spricht mit Mund und Augen. Wir benötigen immer beides für ein komplettes Bild. Wir haben nun viel Wissen über Blicke, Augen und Mimik in unserem Werkzeugkoffer – doch auch der Mund spricht bei Gesten immer mit. Er ist eine wichtige Quelle beim Lesen anderer Menschen, auch wenn nichts gesagt wird. Ich bin in *Ich weiß, was du denkst* schon auf die Mimik des Mundes eingegangen. Hier noch mal eine Zusammenfassung der wichtigsten Merkmale.

Über den Mund teilen wir uns nicht nur anderen Menschen mit, wir nehmen damit auch wichtige Informationen und Nahrung auf. Analog zur Nahrungsaufnahme verhält sich der Mund bei Informationen. Wenn sie uns »schmecken«, öffnen wir ihn leicht und lächeln. Wenn uns dagegen jemand etwas mitteilt, was uns »nicht schmeckt«, verschließt sich der Mund und wir blockieren. Wenn wir jemanden nicht leiden können, dann schubsen wir ihn mit der Zunge weg, indem wir sie herausstrecken, und wenn wir jemanden erotisch anziehend finden, haben wir die Tendenz, uns kurz mit der Zunge über die Lippen zu lecken. Einmal, weil wir die betreffende Person im wahrsten Sinne des Wortes »lecker« finden und »vernaschen« wollen. Andererseits, weil wir damit unsere Lippen benetzen – was sie glänzen lässt und betont.

Ein geöffneter Mund bedeutet immer, dass wir mehr Informationen wollen oder brauchen. Wenn ich meinen Zuschauern einen unglaublichen Effekt zeige, öffnet sich ungläubig der Mund. Sie können nicht fassen, was da gerade passiert ist. Sie brauchen mehr Information und um das körperlich zu unterstützen, öffnen sie den Mund (und analog dazu die Augen, indem sie die Augenlider und die Augenbrauen hochziehen). Der Batzen ist zu groß, der geöffnete Mund hilft uns, mehr Informationen aufzunehmen. Dennoch hindert er uns daran, klar zu denken. Mit geschlossenem Mund sehen wir nicht nur intelligenter aus, wir können tatsächlich auch klarer denken. Sie wissen ja: Zwischen Körper und Geist gibt es keine Grenzen.

Wenn wir dagegen etwas, was der andere sagt, nicht annehmen wollen, schließen sich die Lippen und wir pressen sie zusammen.

Dann kann unser Mund natürlich noch lächeln und lachen. Beim echten Lachen lachen die Augen immer mit. Christian Wallraven ist Professor für künstliche Intelligenz und kognitive Neurowissenschaften und sagt sogar: »Mundbewegungen sind das wichtigste Signal in der menschlichen Kommunikation.« Der Mund sei schon aufgrund seiner Größe am besten geeignet, auch ohne Sprache Emotionen im Gesicht sichtbar zu machen.

Zumindest ist das so für Europäer und Menschen, die sich mit der Sprache der Augen nicht intensiv beschäftigt haben. Asiaten sind uns hier überlegen, denn sie konzentrieren sich beim Gespräch mehr auf die Augen des Gesprächspartners als wir. Europäer lesen dagegen im ganzen Gesicht. Wallraven hat in diesem Zusammenhang an der Korea University in Seoul geforscht und dort beobachtet, dass die Menschen in Korea, die ja häufiger und schon länger als wir auch im Alltag Gesichtsmasken tragen, mehr und mehr auf das Deuten der Gestik ausweichen. »Wenn man einverstanden ist, nickt man eben dazu oder hält einen Daumen hoch«, so der Wissenschaftler in der *Süddeutschen Zeitung*. Zusätzlich wird mehr geredet.

Apropos Maske: Wir tragen im Alltag oft eine Maske – auch ohne Mund-Nasen-Schutz. Wir verbergen durch unsere Mimik oft unsere wahren Emotionen. Oder sind Sie immer fröhlich und glücklich, wenn Sie lächeln? Wir kontrollieren unsere Mimik, um nicht von allen gelesen zu werden. Wir lächeln dabei viel. Das ist nicht immer ein Zeichen von Freude.

Der kanadische Soziologe Dr. Erving Goffmann sagt, dass wir praktisch pausenlos lächeln, dass dieses Lächeln aber nicht unbedingt etwas mit guter Laune und Lebensfreude zu tun hat, sondern häufig für eine von drei Aussagen steht: Wir lächeln als Entschuldigung, als Mittel zur Selbstverteidigung und als Bitte.

Angenommen, Sie stoßen auf der Straße mit jemandem zusammen, den Sie nicht kennen. Danach schauen Sie sich gewöhnlich an und lächeln: »Entschuldigung«.

Sie stehen im Fahrstuhl dicht zusammen und Ihr Blick trifft den eines Mitfahrers. Sie lächeln und sagen ohne Worte: »Von mir geht keine Gefahr aus, bitte hauen Sie mich jetzt nicht, weil ich in Ihre intime Distanz eingedrungen bin.«

Sie müssen im Theater oder Kino durch die Sitzreihe und alle Sitzenden müssen aufstehen, um Sie durchzulassen. Sie lächeln sie im Vorbeigehen an und sagen damit: »Bitte lassen Sie mich durch – ach, und: Entschuldigen Sie, dass Sie jetzt für mich aufstehen müssen.« (Eine Frage, die ich mir hierbei immer stelle: Beim seitlichen Vorbeigehen in einer Sitzreihe, in der die anderen sitzen, an denen ich vorbeigehen muss – was ist jetzt unhöflicher: den Sitzenden den Hintern entgegenzustrecken oder den Hosenlatz? In Benimmbüchern steht eindeutig, der Hosenlatz sei die bessere Alternative. Aber ist das nicht wie die Wahl zwischen Pest und Cholera ...?)

Unser Lächeln, so Goffmann, ist in diesen Momenten eine Maske. Das ist meistens selbst für Körperleser eine Herausforderung.

DER SITZ DES HERZENS – DER BRUSTKORB

Dieser Bereich spielt gerade in Online-Gesprächen eine sehr große Rolle. Denn hier haben wir nicht die Möglichkeit, die Beine und Füße zu beobachten – den Oberkörper und Brustkorb haben wir jedoch fast immer sehr gut im Blick. Es lohnt sich also, dass wir uns auch in diesem Bereich ein wenig über die Gesetzmäßigkeiten der Körpersprache bewusst werden.

Um zu leben, brauchen wir Luft. Je mehr Luft wir holen, desto mehr Energie haben wir, und je flacher wir einatmen, desto weniger Energie führen wir uns zu.

Gewöhnlich atmen wir regelmäßig ein und aus, wobei das Ausatmen ein wenig länger dauert als das Einatmen. Normalerweise wissen wir genau, wie viel Luft wir brauchen, und atmen unbewusst gleichmäßig und harmonisch. Vor einem größeren Vorhaben nehmen wir mehr Luft auf, um mehr Energie zu haben.

Das Einatmen ist also fast immer der Beginn einer Aktion. Wir aktivieren unseren Körper, bevor es losgeht. Auch um zu sprechen, müssen wir Luft holen.

Kürzlich sah ich in einem Café einen Mann beim Flirt mit einer Frau. Er hat in einem fort geredet und sich voll in die Kurve gelegt. An einer Stelle hat die Frau tiefer eingeatmet als sonst. Sie wollte etwas sagen – konnte aber nicht, weil er einfach weitergetextet hat. Er war mehr mit sich beschäftigt als mit seinem Gegenüber – der Kardinalfehler für Körperleser.

Wir kennen das alle: Jemand redet mit uns, wir würden gern etwas sagen und holen tief Luft. Die halten wir in diesem Moment an, denn wir wollen ja bereit sein, sobald der andere eine Pause macht. Wenn er die nicht macht, atmen wir in der Regel tief aus und werden passiv. Soll der andere doch weiterquatschen, ist doch eh egal.

Das Gefühl der Resignation geht also immer mit einem tiefen Ausatmen einher. Wir geben die Energie wieder ab, weil wir sie nicht brauchen. Wenn Sie also bei Ihrem Gesprächspartner ein tiefes Einatmen sehen, machen Sie eine kurze Redepause, um ihm die Möglichkeit zu geben, sich zu äußern. Er holt mit dem Atem Schwung. Er hat etwas für ihn Wichtiges zu sagen. Falls Sie das Signal verpasst haben, gibt Ihnen der zweite Schritt – das Ausatmen – die Chance, den Fehler zu korrigieren. Auch bei diesem Signal können Sie eine Pause machen und gegebenenfalls nachfragen. »Wolltest du was sagen«?

Manchmal habe ich Zuschauer auf der Bühne, die generell mit geschwellter Brust laufen. Das ist gar nicht so selten und kann zwei Gründe haben.

Zunächst ist der Gang auf die Bühne für die meisten Menschen etwas Außergewöhnliches und sie nehmen einen tiefen Atemzug, um jederzeit schnell agieren zu können. Generell können wir ja auch unsere Arme und Hände viel schneller bewegen und besser einsetzen, wenn wir tief eingeatmet haben.

Ich habe es als Junge geliebt, mit dem Luftgewehr meines Vaters zu schießen. Zu meinem großen Erstaunen bin ich ein sehr guter Schütze. Ich weiß noch genau, wie mein Vater mir das Schießen beibrachte: anvisieren, Luft holen (als Vorbereitung für den Schuss), mit angehaltenem Atem genau zielen, kurz verharren, mit dem Zeigefinger auslösen, ausatmen.

Zur selben Zeit hat mein Vater mir Eugen Herrigels *Zen in der Kunst des Bogenschießens* in die Hand gedrückt. Genau dieses Buch (Auflage von 1965, es ist das Original meines Vaters) liegt gerade geöffnet vor mir. Die Seiten duften nach altem Papier und färben sich schon braungelb. Herrigel beschreibt ebenfalls den Atem als grundlegendes Element körperlicher und geistiger Aktivität: »Mit der richtigen Atmung entdecken Sie den Ursprung geistiger Kraft. Je lockerer Sie sind, desto leichter fließt die Kraft.« Atem ist Leben und das in jeder Situation. Ganz nebenbei steht in diesem Büchlein mehr Praktisches über Wahrnehmung und die Auswirkungen unseres Geistes auf unseren Körper als in den meisten Körpersprache-Ratgebern, die ich gelesen habe.

Im extremsten Fall holen wir also sehr tief Luft, um unser Gegenüber attackieren zu können. Im Kampf wird der Angreifer vor dem ersten Schlag immer tief einatmen. Auf der Straße oder in einer Kneipe wäre das Signal deutlich. Sobald einer innerhalb einer Armlänge Abstand bei mir steht und mit Drohgebärde tief Luft holt, würde ich mich schnell aus der Schlagdistanz bringen.

Zurück zur Bühne, da bin ich sowieso lieber. Dort kann die geschwellte Brust auch auf Dominanzgebaren zurückzuführen sein. So einer kann gut Schwierigkeiten machen, wenn ich ihm nicht genügend Beachtung schenke. Also mache ich das Übliche: ein Kompliment. Das ist in solchen Momenten wirklich nie falsch.

Und dann gebe ich diesen Brustmenschen eine einfache Aufgabe, bei der sie mir nicht die Show vermasseln können. Ich übernehme sanft die Führung, indem ich sie an eine spezielle Position stelle, ihnen zum Beispiel einen Stift zum Halten in die Hand gebe und sie dann eine weitere einfache Handlung ausführen lasse. Zum Beispiel den Stift in die andere Hand zu nehmen. Als Faustregel gilt: Wenn Ihnen jemand dreimal gefolgt ist, haben Sie ein Muster geschaffen und die weiteren Male folgt er Ihnen noch leichter. Suggestion par excellence.

Bei Frauen ist die geschwellte Brust ein »Versprechen erotischer Aktivität«, so Samy Molcho. In dem Fall mache ich natürlich NICHTS und genieße wissend den Augenblick auf der Bühne.

NICHT NUR ZUM WINKEN GUT – DIE ARME UND HÄNDE

Sobald wir »handeln«, geht eine entsprechende Bewegung von unseren Händen aus, die sich dann sofort auf unsere Arme überträgt. In meinen früheren Büchern habe ich bereits über die äußerst faszinierende Tatsache gesprochen, dass die entsprechende Bewegung sogar einsetzt, *bevor* wir den jeweiligen Gedanken zu Ende gedacht haben. Das heißt: Wenn Sie diese Seite gleich umblättern möchten, beginnt Ihre Hand die dafür notwendige Bewegung bereits, *bevor* Sie zu Ende gedacht haben »jetzt möchte ich gern umblättern«. Genau wie Ihr Körper bereits beginnt, sich fürs Aufstehen vorzubereiten, bevor Sie daran denken (die Hände gehen zu den Knien und Sie beugen sich leicht nach vorn). Und Ihre Hand greift zur Schokolade, bevor Sie bewusst was Süßes wollen. Irre!

Das fand der amerikanische Physiologe Benjamin Libet in seinem Experiment heraus, das als »Libet-Experiment« bekannt geworden ist. Das war schon in den 80er-Jahren des letzten Jahrhunderts. Andere Wissenschaftler fanden diese Tatsache ebenfalls extrem faszinierend und wiederholten Libets Experiment (Keller und Heckhausen 1990; Haggard und Eimer 1999; Trevena und Miller 2002). Um ein wenig im wissenschaftlichen Jargon zu bleiben: »In seinen ursprünglichen Experimenten untersuchte Libet die zeitliche Abfolge zwischen einer einfachen Handlung und der Einleitung der Handlung auf der neuronalen Ebene; im Allgemeinen werden aus seinen Experimenten aber auch Aussagen über die kausalen Zusammenhänge zwischen diesen Prozessen abgeleitet.«

Allein schon, dass oben stehendes Zitat von einer Website über Philosophie stammt (http://www.philosophieverstaendlich.de/freiheit/aktuell/libet.html), zeigt, dass es hier um mehr geht als eine zeitliche Abfolge von Gedanken und Gesten. Ich möchte an dieser Stelle nicht weiter in die Philosophie einsteigen, aber es ist schon verstörend, sich klarzumachen, dass unsere Handlungen vor unseren Gedanken einsetzen. Das gilt für alle unsere Bewegungen und ist ein weiterer Grund, warum gutes Beobachten uns so viel über unsere Mitmenschen – aber auch über uns selbst – verrät.

Da die meisten Handlungen sich durch Bewegungen der Hand ankündigen, beobachten wir die Hände naturgemäß sehr gründlich. Das schauen wir uns später noch genauer an. Die Bewegung der Hand bleibt aber nicht isoliert, sondern sie überträgt sich über die Arme und Schultern auf den Oberkörper und von dort aus auf den Kopf und die Beine. Um also etwas zu greifen, entfernen sich die Arme vom Körper, und um etwas an uns zu nehmen, ziehen wir sie wieder zurück. Das ist eine der Hauptfunktionen der Arme.

Die andere wichtige Funktion ist der Schutz. In jedem Kampfsport und bei jeder Art der Selbstverteidigung lernen wir mehrere Möglichkeiten, mit den Armen zu blocken, um Schläge und Tritte abzuwehren. Dabei schließen wir unseren Körper, wogegen wir ihn beim Greifen fast immer öffnen. Wenn also jemand in Ihrer Gegenwart neugierig viele Sachen in die Hände nimmt und begutachtet, dann ist er gewöhnlich nicht in Alarmbereitschaft, sondern fühlt sich sicher und hat Vertrauen, dass von Ihnen keine Gefahr ausgeht. Das können Sie für sich nutzen.

Ich habe seit vielen Jahren eine einfache und sehr praktische Methode, wenn ich sehr misstrauische Zuschauer auf der Bühne habe. Das erkenne ich übrigens meistens daran, dass sie die Arme verschränken und die Augen schmal halten, während sie mich ständig fixieren. Das möchte ich natürlich nicht. Darüber hinaus hat die Geste auch für das restliche Publikum einen unerwünschten Beigeschmack. Untersuchungen in den USA haben gezeigt, dass die Geste der verschränkten Arme die Glaubwürdigkeit einer Person drastisch senkt. Nicht nur, wenn wir sie bei anderen sehen, sondern sogar bei uns selbst. Wir geben uns mit der Geste praktisch körperlich die Anweisung, misstrauisch zu sein.

In der Studie wurden die Teilnehmer einmal gebeten, sich einen Vortrag anzuhören, ohne dabei die Beine übereinanderzuschlagen und ohne die Arme zu verschränken. Also in offener Körperhaltung.

Eine zweite Gruppe hörte sich denselben Vortrag an, sollte aber währenddessen die Arme vor dem Oberkörper verschränken. Geschlossene Körperhaltung.

Das Ergebnis: Die Studenten mit verschränkten Armen hatten 38 Prozent (!) weniger gelernt als die Gruppe mit offener Haltung und sie beurteilte den Redner bedeutend kritischer. Aus diesem Grund möchte ich mein Publikum nach Möglichkeit mit einer offenen Haltung vor mir sitzen und stehen haben. Sobald ich sehe, dass ein Zuschauer auf der Bühne die Arme verschränkt und mir damit ohne Worte sagt: »Ich fühle mich nicht wohl« oder »Ich bin kritisch«, sorge ich dafür, dass er seine Körperhaltung ändert. Die Gedanken folgen dann schnell. Ich tue das entweder ganz direkt, indem ich ihn anders positioniere und ihm dabei die Arme an die Seiten lege. Oder ich mache es ein wenig subtiler. Ich gebe ihm einfach einen Gegenstand in die Hand: einen Stift und ein Blatt, ein Kartenspiel, eine Münze, was auch immer. Dadurch wird seine Körperhaltung offener. Und da es keine Grenzen zwischen Denken und Handeln gibt, folgt die innere Haltung in dem Fall meist der äußeren Handlung und seine Einstellung ändert sich. Für Sie im Alltag gilt dasselbe: Wenn Ihr Gegenüber mit verschränkten Armen vor Ihnen steht, ist es wahrscheinlich nicht wirklich einverstanden mit dem, was Sie sagen. In dem Fall kommen Sie mit Ihren bisherigen Argumenten nicht weiter. Ändern Sie in solchen Fällen als Erstes die Körperhaltung Ihres Gegenübers – indem sie ihm etwas zum Schreiben geben oder Ihren Kindern ein Stück Schokolode (das hilft sowieso praktisch immer) – und die innere Einstellung folgt leichter.

Eine Ausnahme gibt es jedoch: Wenn Sie mit jemandem sprechen und Sie sehen an seiner Mimik und an den Beinen, dass derjenige komplett Ihrer Meinung ist, er verschränkt aber die Arme, dann gilt das Signal der Arme wahrscheinlich nicht Ihnen, sondern allen anderen im Raum. Es sagt: »Sprecht mich jetzt bitte nicht an, ich höre meinem Gesprächspartner zu und möchte von euch nicht gestört werden.«

Eine weitere Botschaft der verschränkten Arme kann auch lauten: Ich umarme mich gerade selbst, weil ich mich nicht wirklich wohlfühle. Früher wurden wir von unseren Eltern umarmt, wenn etwas nicht gestimmt hat. Als Erwachsene machen wir das dann eben selbst. Wir kennen die Geste alle: Meistens hängt ein Arm gerade herunter und die andere Hand umgreift den herabhängenden Arm am Bizeps. Wir verschließen uns mit dem greifenden Arm vor der Brust. Das machen wir, wenn wir uns fehl am Platz fühlen. Es ist ein Zeichen von mangelndem Selbstvertrauen. Was würden Sie von Ihrem Vorgesetzten denken, wenn er so vor Ihnen stünde?

Der Vorgesetzte würde seine Arme wahrscheinlich hinter dem Rücken verschränken und mit einer Hand das Handgelenk der anderen Hand umschließen. Das ist ein Signal von Überlegenheit. Wir sind komplett geöffnet und verletzlich. Der Körper sagt: »Selbst wenn ich verletzlich bin, bin ich immer noch stärker als du, wenn du stark bist.« So steht der Ranghöhere vor dem Befehlsempfänger. Oft breitbeinig, um mehr Raum in Anspruch zu nehmen. Die Geste zeigt auch, dass derjenige die Arbeit anderen überlässt. Er gibt die Befehle, ausführen sollen die anderen.

Das Schließen der Arme kann auch durch eine Pseudo-Handlung versteckt werden. Ich selbst habe jahrelang beim Betreten der Bühne mein Sakko zugeknöpft und dann meine Manschetten im Ärmel nach vorn gezupft. Ich habe mir diese Geste von der Serie *Remington Steele* abgeschaut. Dort hat Pierce Brosnan das oft gemacht. Brosnan hat mich damals stilistisch sehr geprägt. Er hat mir gezeigt, dass sehr coole Leute auch Anzüge tragen können. Genau wie Sonny Crockett in *Miami Vice*. Von meiner ersten Gage habe ich mir dann auch die entsprechende Sonnenbrille gekauft (ich habe sie heute noch!) und von meiner zweiten einen italienischen Anzug (den habe ich nicht mehr). Wie dem auch sei: Sobald ich die Bühne betrat, habe ich mein Sakko zugeknöpft und die Manschetten gerichtet. Ich dachte, das sei cool. Bis meine damalige Freundin und heutige Frau mich darauf angesprochen hat. Sie hat mir geraten, das zu lassen, weil ich mich damit ja als Erstes vor meinem Publikum verschließe. Sie hatte recht.

Es ist zwar nur ein Detail. Aber ich bin davon überzeugt: Details sind das Wichtigste! An der Uhr spielen, das Einstecktuch richten, die Hände reiben, mit dem Knopf am Ärmel spielen und, und, und – das sind alles Pseudo-Bewegungen, durch sie verschränken wir die Arme vor dem Körper, was auf unsere Mitmenschen verschlossen und zurückhaltend bis unsicher wirkt. Wenn ich eine dieser Gesten bei einem Zuschauer sehe, wenn er zur Bühne kommt, wende ich die oben beschriebene Taktik an – ich gebe ihm etwas in die Hand und öffne damit seine Körperhaltung.

Wie Sie aus meinen anderen Büchern vielleicht wissen, bin ich der festen Überzeugung, dass ein Flirt und eine Verhandlung fast dasselbe sind. Sie wollen, dass der andere begeistert ist. Von Ihrem Produkt oder von Ihnen. Aus diesem Grund funktioniert die folgende Methode sowohl beim Flirt als auch bei einer Verhandlung.

Wenn Sie lesen wollen, wie Ihr Gegenüber Ihr Angebot findet, setzen Sie sich der Person gegenüber. Dann stellen Sie vor denjenigen ein Glas oder eine Tasse mit einem Getränk. Als Nächstes schauen Sie, wo er das Getränk abstellt, nachdem er etwas getrunken hat. Wenn er das Glas als Rechtshänder links von sich abstellt und so durch den Unterarm eine Barriere aufbaut, ist er noch nicht überzeugt. Stellt er das Glas in einer offenen Geste ab, stehen die Chancen schon besser.

Bislang haben wir den Händen und Unterarmen viel Beachtung geschenkt. Dabei lohnt sich auch ein Blick auf die Ellenbogen. Ein Freund von mir ist WingTsun-Lehrer (eine chinesische Kampfkunst zur Selbstverteidigung) und er sagte mir oft: Ein Schlag mit dem Ellenbogen ist manchmal schlimmer als vier mit der Faust. Nun, ich kann auf beides gut verzichten. Aber auch für den Körperleser gilt: Der Ellenbogen ist eine Waffe. Wenn meine jüngste Tochter die Hände in die Hüfte stützt, während ich ihr etwas Unangenehmes sage, dann verteidigt sie sich vielleicht nicht mit Worten, aber mit ihren Ellenbogen. Oft werden dabei noch die Schultern hochgezogen, um den Hals zu schützen. Alles Zeichen, dass ein Angriff abgewendet wird.

Dasselbe Zeichen setzen wir, wenn wir uns mit hinter dem Kopf verschränkten Händen im Stuhl zurücklehnen und dabei die Ellenbogen nach außen richten. Die Geste wird oft auch als »Kobra«

bezeichnet, weil wir unseren Kopf damit ähnlich wie die Giftschlange vergrößern. Und genau wie bei ihr ist es auch bei uns eine klare Drohung: Bleib mir lieber vom Leib, sonst wird es giftig.

Die Sprache der Hand

Anders als die Überschrift vielleicht vermuten lässt, geht es uns hier nicht um das Deuten von Handlinien, sondern um die Deutung unbewusster Handgesten. Gewöhnlich unterstützen wir mit unseren Händen das, was wir sagen, wir reden »mit Händen und Füßen«. Probieren Sie doch mal Folgendes:

> Bitten Sie einen Menschen, er soll folgendermaßen voller Inbrunst seinen Vornamen sagen: »ICH bin Horst!!!« (Natürlich nur dann »Horst«, wenn er auch tatsächlich Horst heißt. In allen anderen Fällen soll er besser seinen eigenen Namen nehmen!). Höchstwahrscheinlich wird unser Horst dabei mit seinen Händen auf seinen Brustkorb zeigen. Das verdeutlicht uns zwei Tatsachen. Erstens: Unsere Gestik unterstützt, was wir sagen (und denken). Zweitens: Unbewusst sitzt unsere Identität körperlich im Brustkorb. Genauer gesagt im Herzen! Selbst verstandesgeprägte Menschen zeigen auf ihren Brustkorb.

Eigentlich ist das unlogisch, denn man erkennt uns ja an unserem Gesicht und nicht an unserer Brust. Einen sehr naheliegenden Scherz über den Unterschied zwischen Männern und Frauen spare ich mir an dieser Stelle. Aber: Müssten wir nicht auf unser Gesicht zeigen, wenn wir »Ich!« sagen? Das tun wir nicht, denn unsere Identität liegt in unserem Herzen. Ich finde, das ist ein sehr schöner Gedanke.

Neben vielen anderen Merkmalen sind es auch unsere Hände, die uns zu Menschen machen. Sie unterscheiden uns von allen anderen Lebewesen und wir nutzen sie nicht nur, um Prosa zu schreiben, Bach auf dem Klavier zu spielen oder anderen die Zähne einzuschlagen – wir nutzen sie auch, um zu gestikulieren. »Zusammen mit der Mimik – die wir in weitaus größerem Maße als alle anderen Säugetiere beherrschen – ermöglichen diese empfindsamen Kommunikationsorgane uns, eine erstaunlich komplexe Körpersprache herauszubilden«, schreibt der britische Zoologe und Verhaltensforscher Desmond Morris in seinem sehr empfehlenswerten Buch *Bodytalk*. Dieser Schachzug der Evolution hat sich auf unsere Wahrnehmung ausgewirkt. Bei Gesprächen beobachten wir unbewusst die Hände unseres Gesprächspartners. Hält er sie beim Reden hinter dem Rücken oder versteckt er sie unter dem Tisch, haben wir sofort den Eindruck, er habe etwas zu verbergen. Eine Tatsache, die bei Zauberkünstlern meiner Generation dazu geführt hat, dass viele ihre Hände ständig leer vorzeigen und in den Fokus bringen. Auch in Momenten, in denen das gar nicht notwendig ist. In unseren Kreisen nennt man das »Händewaschen«.

Wie dem auch sei, verborgene Hände erwecken bei Ihrem Gesprächspartner wahrscheinlich den Eindruck der Unaufrichtigkeit. Egal, ob berechtigt oder nicht.

In meinen Seminaren teile ich für eine Übung die Teilnehmer in Zweiergruppen auf. Dann sollen sie sich gegenseitig Fragen stellen. Die eine Hälfte bitte ich, beim Beantworten der Fragen die Hände über dem Tisch zu halten, die andere soll währenddessen die Hände unter dem Tisch verstecken.

Die Teilnehmer mit den Händen unter dem Tisch werden dabei grundsätzlich als introvertierter, angespannter und sogar listig eingestuft. Sie werden auch häufiger beschuldigt, gelogen zu haben.

Diejenigen, die dagegen ihre Hände sichtbar halten, gelten als umgänglicher, offener und auch als ehrlich. Ich weiß natürlich, dass die Zahl der Teilnehmer in meinen Seminaren nicht reicht, um zu wissenschaftlich fundierten Erkenntnissen zu gelangen. Aber für den Alltag reicht's allemal und da sind sich alle Teilnehmer einig.

Auch wenn wir überhaupt nicht verschlossen, angespannt oder verlogen sind – mit verborgenen Händen werden wir so wahrgenommen. Und für unser Gegenüber ist die Welt das, wofür es sie hält.

Praktisch bedeutet das: Wenn Sie aufrichtig rüberkommen wollen, zeigen Sie Ihre Hände. Wenn Sie Ihren Gesprächspartner überzeugen möchten, dann unterstützen Sie Ihre Worte mit Ihren Händen.

Auch der Autor David Givens schreibt in seinem Buch mit dem recht schmalzigen Titel *Körpersprache der Liebe*, dass wir in Gesprächen mit anderen neben der Mimik mehr auf die Hände unseres Gesprächspartners achten als auf andere Körperteile. Evolutionsbedingt ist das ja auch sehr sinnvoll. Denn eine HAND-lung kann uns auch gefährlich werden. Es ist überlebenswichtig, dass wir bei einer Begegnung mit anderen durch einen Blick auf die Hand prüfen, ob der andere eine Waffe in der Hand hält oder einen Blumenstrauß. Oder ob er sie zur festen Faust ballt, denn dieselben Hände können schlagen und streicheln. Den Unterschied zu erkennen, kann uns viel Leid ersparen. Deshalb schauen wir so genau auf die Hände.

Aber Schauen ist nicht gleich Sehen.

Wenn wir nicht wissen, was eine Hand uns neben roher Gewalt oder liebevoller Zuneigung noch alles verraten kann, werden wir es nicht sehen.

Worauf können wir also noch achten?

Zum Beispiel auf die Farbe. Hier ist es ähnlich wie bei unserem Augenweiß: Wenn der Handrücken gelblich gefärbt ist, liegt unter Umständen eine Gallen- oder Leberstörung vor. In diesem Fall kann der Handeigner leicht reizbar sein und zu Zorn, aber auch zu Depressionen neigen.

Eine bleiche Hand ist blutleer. Ohne Blut haben wir keine Energie zum Handeln, die betreffende Person ist wahrscheinlich zurückhaltend, ruhig, vielleicht sogar erschöpft.

An einer rötlich gefärbten Hand erkennen wir das Gegenteil: zu viel Energie. Der Handeigner ist demnach wahrscheinlich voller Tatendrang, vielleicht eine Spur zu laut und unkontrolliert. Wenn eine solche Person gereizt wird, kann sie schnell die überschüssige Energie über die Hand loswerden und handgreiflich werden. Sie werden keinen Boxer mit bleichen Händen sehen.

An einer blauen Hand hängt vielleicht ein schwermütiger, melancholischer Mensch. Die bläuliche Färbung lässt auf schwache Blutzirkulation schließen, also auf einen schwachen Kreislauf im Allgemeinen. Ein solcher Handeigner hat möglicherweise die Tendenz zur Antriebslosigkeit.

Gesten generell

Das Wort »Geste« ist uns Körperlesern ab jetzt zu unpräzise. Die erste Definition, die Google mir beim Suchbegriff »Geste« liefert, lautet:

1. spontane oder bewusst eingesetzte Bewegung des Körpers, besonders der Hände und des Kopfes, die jemandes Worte begleitet oder ersetzt [und eine bestimmte innere Haltung ausdrückt] (...)
2. Handlung oder Mitteilung, die etwas indirekt ausdrücken soll

Das reicht uns nicht mehr aus. Wir machen es jetzt wie die Profis. Einer davon ist der Mimikforscher Paul Ekman. Er teilt unsere Gesten in drei verschiedene Kategorien ein: Illustratoren, Manipulatoren und Embleme.

Embleme

Jede Geste, mit der wir unsere Worte unterstützen oder ersetzen, ist ein Emblem. Der Begriff geht zurück auf David Efron, der in den 1940er-Jahren Pionierarbeit in der Untersuchung von Gesten geleistet hat. Nach Efron ist ein Emblem eine Bewegung, die eine klare Bedeutung für jedes Mitglied einer ethnischen Gruppe, Subkultur oder Kultur hat. Sie haben unter Umständen verschiedene Bedeutungen in verschiedenen Kulturen. So würden wir in Europa wahrscheinlich ungläubig den Kopf schütteln (übrigens auch ein Emblem), wenn ein Mensch vor uns als Symbol der Einigung die Zeigefinger seitlich aneinanderpresst. Wir kennen den Code nicht und würden uns wundern, was derjenige von uns will. Im Nahen Osten dagegen wüsste man sofort, was gemeint ist. Dort repräsentieren die beiden Zeigefinger nämlich zwei Personen, die sich auf ein Geschäft geeinigt haben.

Aber nur, wenn die Geste dort nicht von einem Nordafrikaner ausgeführt wird. Der stellt mit seinen Zeigefingern nämlich zwei Freunde dar, vielleicht auch ein Liebespaar.

Wenn Sie mehr solche kuriosen Beispiele wollen: Das Buch *Bodytalk* von Desmond Morris ist voll davon. Eine gute Lektüre, die manch Weltreisendem einiges an Ärger ersparen kann. Ich schaue dort vor jeder Reise rein. Nach Ekman zeigen Embleme die Nachricht genau wie das gesprochene Wort. Manchmal ersetzen sie Worte auch komplett, etwa wenn Sie jemandem wortlos den Vogel zeigen und dabei denken »Bei dir piept's wohl«.

So ist das zumindest in Deutschland.

Ein Amerikaner hingegen freut sich über die Geste, denn dort sagen Sie Ihrem Gegenüber damit, dass es clever ist. Andere Länder, andere Sitten.

Ab und zu rutscht uns so ein Emblem auch mal ganz unbewusst raus. So berichtet Ekman, dass er während einer Studie beobachtet hat, wie

Probanden einer Person völlig unbewusst den Mittelfinger zeigten, nachdem sie mit sehr unangenehmen Fragen konfrontiert worden waren. Nach solchen Gesten können wir sehr gut Ausschau halten. Wenn Sie mit jemandem reden und derjenige hält plötzlich flüchtig und unbewusst einen Finger vor seine Lippen, dann kann es gut sein, dass er Ihnen damit unbewusst das Zeichen gibt, doch mal leise zu sein. Hält er beim »Pssst«-Zeichen nicht den Zeige-, sondern den Mittelfinger vor die Lippen, dann hat er mit einer unbewussten Geste gleich zwei Aussagen getroffen. Für mich sind Embleme einer der faszinierendsten Aspekte der Körpersprache, weil sie so verräterisch sind und deutlich zeigen, was der andere denkt und fühlt.

Vor vielen Jahren habe ich bei einer meiner Shows einmal eine Dame auf der Bühne gebeten, an eine Person zu denken, die sie sehr gern mag. Ich habe ihr nicht gesagt, dass ich versuchen würde, den Namen herauszufinden, und diesen Namen möglicherweise laut aussprechen würde. Nachdem ich mir fast sicher war, dass sie an einen Mann denkt und wie dieser Mann mit Vornamen heißt, habe ich glücklicherweise gefragt, ob ich den Namen laut aussprechen darf. Die Frau hat mich angeschaut, ihre Augen wurden groß, ihre Lippen haben sich ganz kurz fest zusammengepresst und sie hat fast unmerklich den Kopf geschüttelt, während sie dann »Ja« gesagt hat. Das Emblem des Kopfschüttelns war ehrlicher als das gesprochene »Ja« – es wäre ihr unangenehm gewesen. Also habe ich folgende Taktik angewendet: Ich habe ihr gesagt, dass ich ihr den Namen gleich ins Ohr flüstern würde, und wenn das der richtige Name sei, dann solle sie einfach nur laut und deutlich »Ja« sagen. Nachdem ich ihr den Namen zugeflüstert hatte, hat sie mich völlig entgeistert angeschaut und laut »Ja« gesagt. Sofort danach hat sie sich komplett geöffnet und entspannt. Ich nehme an, es war der Name ihres Liebhabers. Hätte ich das Kopfschütteln nicht erkannt, hätte ich vielleicht eine echte Krise ausgelöst. Seither stelle ich VOR dem Experiment klar, dass ich den gedachten Namen möglicherweise laut nennen werde, und bitte meine Zuschauer, an Personen zu denken, deren Namen ich auch laut nennen darf. Das Publikum schmunzelt an dieser Stelle gewöhnlich. Ich sage das jedoch seit diesem Erlebnis nicht ohne Grund …

Illustratoren

Als unser Horst beim Wort »Ich« auf sich selbst zeigte, benutzte er damit einen Illustrator. Dieser unterstützt das gesprochene Wort. In *Ich weiß, was du denkst* habe ich geschrieben, dass fast alle Menschen mit ihrem Zeigefinger eine nach oben gerichtete Spirale in die Luft malen, wenn sie eine Wendeltreppe beschreiben. (Vorausgesetzt, sie wissen, was eine Wendeltreppe ist.) Auch hier gibt es kulturelle Unterschiede, sowohl bei der Wahl der Illustratoren als auch bei der Häufigkeit, in der Menschen sie einsetzen. Je begeisterter wir von einem Thema sind, desto mehr Illustratoren benutzen wir. Wenn Sie also mit jemandem reden und dieser illustriert bei einem neuen Thema seine Worte stärker als zuvor, indem er mehr gestikuliert, dann wissen Sie, dass er dem Thema mehr Begeisterung entgegenbringt. Das gilt natürlich auch umgekehrt: je weniger Illustratoren, desto weniger Begeisterung.

Machen Sie bei passender Gelegenheit einmal folgenden Versuch:

Zählen Sie vor Ihrem Gesprächspartner eine Liste mit fünf Gegenständen auf. Während Sie reden, halten Sie Ihre Hände mit den Handflächen nach oben. Beim dritten Gegenstand machen Sie eine »Hackbewegung« mit beiden Händen. Bitten Sie Ihren Mitspieler, an einen der fünf Gegenstände zu denken. Sie werden überrascht sein.

Das ist die Macht eines Illustrators.

Es ist für andere viel interessanter, einem Menschen zuzuhören, der Begeisterung ausstrahlt. Menschen, die ihre Hände zeigen, während sie reden, wirken meist eloquenter, glaubwürdiger und in jedem Fall lebendiger. Haben Sie mal einen Italiener beobachtet, wenn er begeistert von etwas erzählt? Man könnte fast den Eindruck gewinnen, man könne ihn zum Schweigen bringen, indem man seine Hände hinter dem Rücken fesselt.

Nehmen wir doch mal folgende Sätze:

- Du hast vollkommen recht.
- Du bist wunderbar.
- Das finde ich nicht.
- Ich liebe dich.
- So ist das halt.
- Ich bin begeistert.
- Ich teile mein Spaghettieis mit niemandem.

Lesen Sie diese Sätze einmal laut und ausdrucksstark - aber OHNE dabei die Hände zu bewegen.

Und dann lesen Sie die Sätze noch mal laut und voller Emotion vor einem Spiegel und unterstützen sie mit den Händen. Machen Sie das so oft, bis Sie das richtige Maß gefunden haben und die Wirkung der Sätze Ihren Vorstellungen entspricht.

Manipulatoren

Manus ist im Lateinischen die Hand. Hier manipuliert also ein Körperteil – meistens eben die Hand – einen anderen Körperteil. Wenn wir uns am Kopf kratzen, mit den Fingern auf dem Tisch trommeln, uns mit den Händen durch die Haare gehen und so weiter, dann benutzen wir Manipulatoren. Je unsicherer wir werden und je unwohler wir uns fühlen, desto häufiger manipulieren wir an uns rum. Aber auch, wenn wir extrem entspannen, nutzen wir sie, zum Beispiel wenn eine Frau ihr Haar öffnet. Auch wenn Manipulatoren sehr oft ein Zeichen von Nervosität und Unsicherheit sind, sollten wir nicht den Anfängerfehler machen und aus ihnen schließen, dass unser Gegenüber lügt. Das wäre sehr oberflächlich und einem Körperleser nicht angemessen.

Nachdem wir nun mehr über die Bewegungen unserer Hände und deren Bedeutung wissen, werfen wir mal einen genaueren Blick auf ihre Sprache. Und hier kommen sie wieder, unsere Grundbausteine im Körperlesen: offene und geschlossene Gesten.

Offene Gesten werden nicht nur generell als ehrlich und offen empfunden, sie sind es auch. Wenn Ihnen jemand die Wahrheit sagt oder sich bei Ihnen ehrlich entschuldigt, wird er Ihnen dabei wahrscheinlich seine Handflächen zeigen. Wenn Sie Ihrem Gegenüber bei einem Gespräch bewusst die Handflächen präsentieren, erwecken Sie Vertrauen. Sie sprechen mit der Geste seine Intuition an. Die Geste wirkt sehr vertrauenerweckend.

Wenn wir etwas in unserer Hand verbergen möchten, dann geht das nicht mit offener Hand. Zum Verbergen müssen wir die Hand umdrehen und unserem Gegenüber den Handrücken zeigen. Das machen wir nicht nur mit Gegenständen, sondern auch mit Ideen und Gedanken. Wenn Ihnen also jemand etwas erzählt, dabei aber immer nur den Handrücken zeigt, kann es sehr gut sein, dass derjenige etwas zurückhält und verschweigt.

Noch extremer ist die Geste, beide Hände in die Hosentasche zu stecken. Das ist praktisch so, als würden wir körpersprachlich den Mund verschließen. Dennoch müssen wir hier differenzieren und vorsichtig sein. Vielleicht steckt der andere die Hand nur in die Taschen, weil ihm kalt ist oder weil es sich in dem Moment bequem anfühlt. Ich würde mich als grundsätzlich offenen Menschen beschreiben und trotzdem renne ich ständig mit den Händen in den Taschen rum. Dennoch: Das Signal ist da.

Unser Grundsatz »Es gibt keine Grenzen« bedeutet in diesem Zusammenhang, dass wir einerseits beim Lügen unsere Handflächen nicht zeigen, andererseits aber auch weniger lügen, wenn wir unsere Handflächen zeigen. Denn unsere Körpersprache beeinflusst unsere Gedanken und unser Verhalten. Wir finden es einfach schwieriger zu lügen, wenn wir eine offene Geste machen.

Unser Grundsatz »Es gibt keine Grenzen« bedeutet weiterhin, dass es in einem guten Gespräch keine Grenzen zwischen Ihnen und Ihrem Gesprächspartner gibt. Sie sind miteinander verbunden und Ihre Gefühle und Gesten lösen auch beim Gegenüber Gefühle aus, die sich wiederum auf sein Verhalten auswirken.

Ich werde von Freunden immer wieder gefragt, wie meine Frau und ich es geschafft haben, dass unsere Kinder so ehrlich zu uns sind und uns alles anvertrauen. Nun, das ist ganz einfach. Ich habe es schon in *Sag es keinem weiter* geschrieben. Wenn Sie möchten, dass jemand Ihnen seine Geheimnisse anvertraut, dann ist es am besten, jemand zu sein, dem man seine Geheimnisse anvertrauen kann. Zunächst sind wir offen zu unseren Kindern. Außerdem versuchen wir, so wenig wie möglich zu werten und in gut/schlecht oder richtig/falsch zu kategorisieren. Dieses Gefühl der Offenheit können Sie auch bei Menschen auslösen, die Sie noch nicht lange kennen, indem Sie ihnen gegenüber eine offene Körperhaltung einnehmen und ihnen oft die offenen Handflächen zeigen. Indem Sie offen sind, öffnen Sie auch Ihren Gesprächspartner.

Eine offene Handfläche wird auch oft als Unterwerfungsgeste gebraucht. Sie wirkt dann bittend, wie der Obdachlose, der uns mit geöffneten Händen um einen Euro anpumpen will. Mit dieser Geste zeigen wir, dass wir keine Waffe in der Hand haben. Wir sind keine

Bedrohung und bitten lediglich um einen Gefallen. Wenn Sie beim ersten Date als Mann Ihrem Flirt einen Platz anbieten, dann sollten Sie unbedingt mit der offenen Hand auf den Platz zeigen. Auch auf der Bühne weise ich meinen Zuschauern grundsätzlich den Weg mit offener Hand.

Sobald Sie die Hand drehen, wirken Sie autoritär und erhöhen Ihren Status. Würden Sie so Ihrem Chef einen Platz anbieten? Oder sogar mit halb geschlossener Faust und ausgestrecktem Zeigefinger? Wenn Sie möchten, dass Ihr Besuch sich NICHT setzt, sondern geht, dann können Sie ihm ja mal mit geschlossener Hand zeigen, dass er sich setzen soll. Zumindest fühlt er sich dann nicht wirklich wohl.

Ob Sie Gesten mit nach oben gerichteter Handfläche oder mit dem Handrücken nach oben zeigen, macht einen sehr großen Unterschied.

Ganz knapp – Handfläche nach oben: friedlich, höflich und ungefährlich.

Handfläche nach unten: autoritär.

Am unangenehmsten nehmen wir den ausgestreckten Zeigefinger wahr. Die Faust ist dabei geballt wie zu einem Schlag und der Finger steht ab wie ein Stock. Wenn ich meine Kinder richtig ärgern will, dann spreche ich zu (nicht mit) ihnen und erhebe dabei drohend oder salbungsvoll den Zeigefinger. Das finden nicht nur sie furchtbar, das finden wir alle unangenehm.

In *Die kalte Schulter und der warme Händedruck* beschreiben Allan und Barbara Pease ein Experiment, in dem sie acht Vortragende instruiert haben, mit den drei Illustratoren Handfläche oben, Handfläche unten und Faust mit ausgestrecktem Zeigefinger vor Publikum zehnminütige Vorträge zu halten. Danach wurden die Zuhörer befragt. Die Redner, die mit nach oben zeigenden Handflächen präsentiert haben, erhielten 84 Prozent positive Bewertungen.

Hielten sie den gleichen Vortrag vor anderem Publikum und illustrierten hauptsächlich mit nach unten gerichteter Handfläche, nahmen die positiven Bewertungen um 32 Prozent ab und betrugen nur noch 52 Prozent. Mit ausgestrecktem Zeigefinger sank die Zustimmung weiter auf nur 28 Prozent. Einige Zuhörer verließen sogar den Saal. Und nicht nur das: Die Zuhörer der »Zeigefinger-Vorträge« erinnerten sich schlechter an den Inhalt des Vortrags als die anderen.

Jetzt weiß ich auch, warum ich mich in manchen Fächern nie an das erinnern konnte, was meine Lehrer mir vorschwadronierten.

Redner, die mit ausgestrecktem Zeigefinger agieren, werden als aggressiv und unverschämt wahrgenommen und was sie sagen, wird schneller vergessen. Die Zuhörer beschäftigen sich mehr mit dem Bild des Redners als mit dem Inhalt des Vortrags und urteilen schneller über seine Rede.

Natürlich sind auch die Daten des Ehepaares Pease keine weit angelegte Studie. Dennoch ist es sicherlich sinnvoll, vor Publikum offene Gesten zu zeigen und auf den gestreckten Zeigefinger weitgehend zu verzichten. Falls Sie an sich selbst die Tendenz entdecken, mit ausgestrecktem Zeigefinger zu reden, habe ich einen Tipp für Sie: Drücken Sie den Zeigefinger an den ausgestreckten Daumen. Dieses winzige Detail lässt Sie zwar noch autoritär, aber nicht mehr belehrend und besserwisserisch wirken. Bei dieser Geste wurden die Redner nämlich als nachdenklich und konzentriert wahrgenommen.

DA STEH ICH DAHINTER – POSITION UND STANDPUNKT

Ich glaube, es war der herausragende Comedian Groucho Marx, von dem folgende Geschichte erzählt wird: Nach einem überwältigenden Auftritt vor Tausenden Zuschauern kocht der Saal. Stehende Ovationen, das Publikum tobt und jubelt Marx zu. Der verbeugt sich und geht wortlos in seine Garderobe. Dort angekommen, reißt er sich das Hemd vom Leib und greift sich einen Stuhl, den er mit voller Wucht auf dem Boden zerschlägt. Groucho Marx ist außer sich vor Wut. Sein Manager betritt die Garderobe und ist fassungslos. »Was ist los? Du bist über dich hinausgewachsen und warst so gut wie noch nie!«

»Ich weiß«, antwortet Groucho, »aber ich habe keine Ahnung, was ich anders gemacht habe als sonst!!!«.

Ich kenne das. Schlechte Auftritte sind schlimm – aber wenn ich erkenne, warum es schlecht gelaufen ist, geben sie mir die Möglichkeit, daraus zu lernen und zu wachsen. Ich kann keine Probleme lösen, ohne Probleme zu haben.

Schlimmer sind fast die extrem guten Auftritte, nach denen ich aber keine Ahnung habe, warum sie so viel besser waren als die anderen. Je mehr ich allerdings im Laufe meiner Karriere über die Regeln der Körpersprache gelernt habe, desto seltener kam das vor. Es ist echt irre, was wir alles erkennen können, sobald wir davon wissen. Schon Goethe sagte: »Man sieht nur, was man weiß«.

Stimmt. Ein weiterer Grund für Körperleser, so viel wie möglich über die Hintergründe von Geist, Gedanken und Körper zu lernen.

Als Student sah ich während meines Studiums in Monterey zum ersten Mal den Stand-up-Comedian Jerry Seinfeld. Ich war augenblicklich gefesselt. Seinfeld ist für mich der Großmeister der Comedy. Unglaublich. Als ich die Sendung knapp ein Jahr später in der deutschen Synchronfassung sah, war ich entsetzt. Die Übersetzung hat jeden Witz zerstört. Das lag nicht an den Übersetzern, sondern an der grundsätzlichen Unübersetzbarkeit der Comedy Seinfelds. Das Thema hat mich so gebannt, dass ich meine Diplomarbeit der Übersetzung von Comedy widmete. *Wissen und Witz* – soweit ich weiß, verstaubt das Exemplar unberührt an der Saarbrücker Uni. In einem Interview, das ich während des Schreibens meiner Diplomarbeit hörte, ging Seinfeld auf die körperlichen Aspekte seiner Bühnenauftritte ein. Unter anderem erklärte er, dass er sich kurz vor einer Pointe immer auf einen speziellen Punkt auf der Bühne stellt. Nach kurzer Zeit weiß das Publikum intuitiv, dass gleich eine Pointe kommt, wenn er sich auf diesen Punkt stellt. Ich habe das sofort bei meinen Auftritten ausprobiert und war völlig geflasht. Sobald ich einen Effekt zeigte, nahm ich dieselbe Position auf der Bühne ein. Die Wirkung war erschlagend. Am Ende des Programms setzte mein Publikum unbewusst schon zum Applaus an, sobald ich den programmierten Bühnenpunkt betrat.

Dann begann ich zu recherchieren und entdeckte, dass diese Methode auch im Neurolinguistischen Programmieren (kurz: NLP) benutzt wird. Das NLP ist eine Sammlung verschiedener Methoden, die von dem Informatiker Dr. Richard Bandler und dem Linguisten John Grinder gesammelt und in eine praktische Struktur gebracht wurden. Das »Neuro« steht dafür, dass unsere Wahrnehmung über einen unserer fünf Sinne erfolgt. Diese sensorischen Informationen werden in unserem Gehirn verarbeitet und mit schon vorhandenen Daten verknüpft. »Linguistisch« beleuchtet den Einfluss der gesprochenen oder auch geschriebenen Sprache auf unsere Gedanken. Auch hier werden die entsprechenden Reize von uns gefiltert, gegebenenfalls gekürzt und verarbeitet. Unser Nervensystem und die über die Sprache gemachten Erfahrungen beeinflussen sich gegenseitig. Diese wechselseitigen Erfahrungen werden nun als »Programme« bezeichnet. Wir können sie auch Konzepte nennen oder Denkmodelle. Letztendlich ist es zweitrangig, wie wir sie nennen. Der britische Mentalist Derren Brown schreibt in seinem Buch *Tricks of the mind*, dass Bandler den Begriff »Neurolinguistisches Programmieren« womöglich aus dem Stegreif erfunden hat, als ein Verkehrspolizist ihn nach seinem Beruf fragte. Vielleicht sollten wir uns daher über den komplizierten Namen nicht allzu viele Gedanken machen.

Wie dem auch sei, die Programme oder Denkmodelle sind bei jedem Menschen anders, denn die Welt ist ja das, wofür wir sie halten.

Auch im NLP gilt die Grundannahme, dass der Geist und die Gedanken eines Menschen sich auf sein geistiges und physisches

Wohlergehen auswirken. Es gibt keine Grenzen zwischen unserem Denken und unserem Körper. Eine Grundannahme, die wir als Körperleser auch haben. Wir haben das in diesem Buch schon mehrfach selbst erfahren, zum Beispiel, als wir uns an etwas Scheußliches und dann an etwas Köstliches zu essen erinnert und unsere körperlichen Reaktionen auf diese Gedanken beobachtet haben.

Ein weiteres Beispiel ist das Programmieren der Bühnenpunkte. Bei einer Pointe besetzt der Comedian wiederholt denselben Bühnenpunkt. Diese Erfahrung machen wir sensorisch: Wir sehen es. Kurz später lachen wir – eine Erfahrung, die wir sofort unbewusst speichern. Auch diese Erfahrung machen wir wiederholt. Wiederholung vertieft das Speichern. Nach wenigen Wiederholungen verknüpfen wir unsere Erfahrung: Bei dieser Bühnenposition lache ich. Irgendwann brauche ich als Zuschauer die Pointe nicht mehr, um zu lachen.

Wenn Sie möchten, können Sie das noch feiner ausarbeiten und noch weiter in die Tiefe gehen. Wenn Sie auf der rechten Seite der Bühne stehen – also vom Publikum aus gesehen links, dann werden Ihre Worte und Gesten stärker die rechte Gehirnhälfte der Zuschauer erreichen. Das ist bei den meisten von uns die Seite, die für Emotionalität zuständig ist. Stehen Sie dagegen links – also vom Publikum aus betrachtet rechts –, dann sprechen Sie eher die linke Gehirnhälfte der Zuschauer an. Die steht für Zahlen, Daten und Fakten. Aus diesem Grund sollten Sie für Ihre Pointen und witzige Anekdoten, aber auch für emotionalen Inhalt die linke Seite der Bühne als Anker benutzen. Für Analysen und harte Fakten können Sie einen Bühnenpunkt rechts wählen.

Meine Zuschauer haben sofort entsprechend reagiert. Ich war begeistert. Das können Sie auch nutzen. Wenn Sie einen Vortrag vor einer Gruppe halten, können Sie Ihr Publikum durch Ihren Standpunkt auf das vorbereiten, was als Nächstes kommt. Zum Beispiel können Sie bei jedem Argument für eine Sache einen Punkt besetzen und bei jedem Argument gegen eine Sache einen anderen. Bei Ihrer eigenen

Meinung nehmen Sie dann natürlich die positiv besetzte Position ein. Im NLP wird das als »räumliches Ankern« bezeichnet. Sie können auch ankern, indem Sie sich hinsetzen. Im Sitzen geben Sie Tipps, im Stehen erklären Sie dagegen Sachverhalte. Nach kurzer Zeit werden Ihre Zuschauer automatisch die Notizbücher zücken, sobald Sie sich setzen, weil sie spüren, dass im Sitzen Tipps gegeben werden.

Sie können so auch Ihren Status vor einer Gruppe festigen. Wenn vor Ihnen ein sehr guter Redner an der Reihe war, dann nehmen Sie zu Beginn dieselbe Position ein wie Ihr Vorredner. Wie bei einem Staffellauf übernehmen Sie einfach dort, wo der andere aufgehört hat. Wenn Sie allerdings einen miserablen Vorgänger hatten, sollten Sie ganz bewusst ihre eigenen Punkte programmieren und so zeigen, dass bei Ihnen alles anders läuft. Aus demselben Grund sollten Sie sich auch nach Möglichkeit nicht hinter einem Rednerpult verstecken, wenn vor Ihrem Auftritt schon ein paar langweilige Reden von dort aus abgelesen wurden – aber Sie lesen ja hoffentlich sowieso nicht Wort für Wort ab, oder …?

Der richtige Standpunkt ist nicht nur bei Ihrer eigenen Körpersprache von Bedeutung. Auch bei Ihrem Gegenüber kann es sehr wichtig sein, den Standpunkt zu ändern. Wenn ich mit meinen Kindern über etwas diskutiere und wir sind verschiedener Ansicht, dann fordere ich sie oft auf, den Platz zu wechseln. Und glauben Sie mir, ich diskutiere oft mit meinen Kindern – sie sind in der Pubertät … Wenn ich nun merke, dass sie einfach nicht von ihrem Standpunkt abzubringen sind und zum hundertsten Mal mit mir darüber debattieren, ob es sinnvoll ist, Hausaufgaben zu machen oder dass fünf Stunden Schlaf für einen Jugendlichen völlig ausreichen – dann versuche ich als Erstes, sie körperlich von diesem Standpunkt abzubringen. Das geht ganz sanft, ich stehe einfach auf und sage: »Hier ist es so dunkel (hell, kalt, warm, was auch immer), lasst uns doch im Wohnzimmer weiterreden.« Manchmal lasse ich die Begründung auch ganz weg und sage ruhig: »Kommt, wir reden da drüben weiter.« Das reicht oft schon aus, um die Situation zu ändern. Dasselbe mache ich übrigens auch, wenn ich merke, dass ich selbst borniert argumentiere und meinen Standpunkt mit dünnen Argumenten vertrete. **Ändere deine Haltung und dein Geist wird folgen.**

Ich gebe Ihnen noch ein Beispiel: Wenn ich telefoniere oder neue Ideen suche, laufe ich dabei ziellos in meinem Arbeitszimmer herum. Das ständige Ändern der Perspektive und die zahllosen Standpunkte bringen mich auf neue Gedanken. Genau wie ein Spaziergang stimuliert das Herumgerenne Körper und Gedanken. Wenn Sie bei einem Date keine gute Verbindung aufbauen können, wechseln Sie den Tisch oder das Lokal. Oder gehen Sie zusammen eine Runde spazieren.

Wer weiß, vielleicht hatte der besondere Erfolg von Groucho Marx an bestimmten Abenden ja mit seinen unbewusst gewählten Standpunkten auf der Bühne zu tun …

Die Position der Beine

Unseren Standpunkt nehmen wir in erster Linie mit Füßen und Beinen ein. Auch hier können wir darauf achten, wie sich der gedankliche Standpunkt dort bemerkbar macht. Stehen wir mit beiden Füßen fest auf dem Boden, dann »stehen wir« hinter dem, was wir sagen. Wenn wir dagegen von einem Bein aufs andere pendeln, sind wir uns nicht so sicher. Unser Körper wird von unserem Gehirn über Kreuz gesteuert. Das bedeutet, die linke Körperhälfte wird von der rechten Gehirnhälfte gesteuert und umgekehrt. Es gibt die Theorie, dass bei den meisten Menschen der Intellekt und das rational-logische Denken in der linken Gehirnhälfte sitzen, wogegen die Emotionen und unsere Gefühlswelt in der rechten Gehirnhälfte liegen. Das haben wir ja schon beim Besetzen der Bühnenhälften für unsere Zwecke genutzt. Wenn jetzt jemand seine Beine abwechselnd belastet und pendelt, bedeutet das, dass derjenige seinen Standpunkt zwischen Emotion und Logik sucht. Er hat sich noch nicht entschieden.

Ein Blick auf die Beine verrät uns aber noch mehr: Er zeigt, ob jemand zu etwas hin- oder von etwas wegwill. Denn das ist die Hauptaufgabe der Beine. Mit ihnen fliehen wir vor Gefahr oder laufen auf etwas zu, um es zu beschaffen. Genau wie bei unserem Unterbewusstsein (das wir im Kapitel »Die Architekten unserer Existenz« genauer kennenlernen werden) sind das die Hauptmotivationen: hin zu etwas oder weg von etwas. An den Beinen wird's sichtbar. Sie zeigen uns, ob unser Gesprächspartner weiter mit uns reden möchte oder das Gespräch lieber beenden will, ob er interessiert ist oder teilnahmslos und ob er uns zustimmt oder nicht. Auch hier gelten die Grundbausteine. Denn es gibt offene und geschlossene Beingesten.

Zunächst können wir mit aneinandergepressten und damit geschlossenen Beinen fest auf dem Boden stehen. Das ist die Position des Befehlsempfängers. Er steht fest und ist dabei nicht in der Lage wegzurennen. Der Angestellte steht so vor seinem Chef und der Schüler steht so vor dem Lehrer.

Achtung! So steht auch eine Frau im Minirock – weniger, weil sie sich als Befehlsempfängerin fühlt, sondern weil die Etikette es verlangt.

Der Ausdruck ändert sich sofort, sobald die Beine nicht mehr stramm nebeneinanderstehen, sondern sich öffnen. Das ist eine Position, die häufiger von Männern eingenommen wird. Sie betont das Gemächt und ist dabei stabil. Damit sagt der Mann ohne Worte: »Ich behalte meinen Standpunkt, gehe hier nicht weg und dominiere.« Da die Position den Genitalbereich betont, sagt sie weiterhin: »Selbst wenn ich meine verletzlichen Teile exponiere und mich dadurch schwäche, bin ich immer noch stärker als du.« In manchen Fällen ein

Irrglaube, den Frauen bei zu aufdringlichen Macho-Idioten mit einem gezielten Anheben eines Knies beenden könnten ...

Und dann gibt es noch die Position, bei der die Beine geöffnet sind und ein Fuß nach vorn zeigt. Dabei wird das Standbein sehr stark belastet und der Fuß des Spielbeins zeigt nach vorn. Würde die betreffende Person aus dieser Pose loslaufen, dann genau in die Richtung, in die der Fuß zeigt.

Dieses Merkmal checke ich bei meinen Zuschauern auf der Bühne kontinuierlich. Zeigen ihre Fußspitzen in meine Richtung, ist alles ok, zeigen sie zum Ausgang oder an mir vorbei zur Bühnentreppe, weiß ich, dass ich eine stärkere Verbindung aufbauen sollte. Der Zuschauer ist in dem Fall nicht interessiert, sondern nur höflich. Körperlich bleibt er zwar bei mir, aber in Gedanken läuft er schon mal los in Richtung Ausgang. Ich baue in solchen Fällen Vertrauen auf, indem ich den betreffenden Zuschauer zum Beispiel leicht am Arm berühre, beim Gestikulieren meine Handflächen zeige und ein Kompliment mache (kurz am Arm berühren, »Schön, dass Sie hier sind«, lächeln, nicken und mit gehobenen Handflächen gestikulieren: »Als Nächstes zeige ich etwas ganz Besonderes und ich glaube, Sie sind ein sehr guter Partner für diese Übung!«).

Und dann gibt es natürlich noch den Stand mit gekreuzten Beinen. Manchmal sehen wir den auf Partys auch im Doppelpack mit gekreuzten Armen. Hier ist die Distanz zu den anderen Gästen wichtig. Wenn ein Mensch in dieser Pose weiter von der Gruppe oder dem Gesprächspartner entfernt steht als die anderen, dann können Sie davon ausgehen, dass diejenigen sich nicht vertraut sind. Oft haben die betreffenden Menschen zusätzlich ihre Jacken geschlossen oder die Handtasche als weitere Barriere zwischen sich und den anderen geschoben. Die geschlossene Geste lässt auf eine geschlossene Haltung schließen.

Da sind sie wieder, unsere beiden Grundbausteine der offenen und geschlossenen Gesten.

Mit gekreuzten Beinen verdecken wir den Zugang zu unseren Genitalien, die Pose ist daher kein gutes Zeichen bei einem Flirt. Einen Vorteil hat sie jedoch: Ein Mensch mit gekreuzten Beinen rennt nicht weg. Die Pose sagt lediglich, dass er unsicher ist, nicht, dass er wegwill – das würde ja ein Öffnen der Beine und die entsprechende Richtung des Spielbein-Fußes voraussetzen.

Natürlich ist es nicht immer einfach, von dieser einen Geste auf die Gesamtverfassung eines Menschen zu schließen. Oft behaupten die betreffenden Personen, ihnen sei einfach kalt und sie würden aus diesem Grund die verschränkte Haltung einnehmen. Oder dass es bequem sei. Nun, das stimmt. Die Bequemlichkeit ist aber nicht der Auslöser der Geste – sie ist vielmehr das Resultat. Denn wenn wir uns unwohl fühlen und als Konsequenz die Arme und Beine kreuzen, dann fühlt sich das in der Tat sehr behaglich an. Wir verschließen uns unbewusst, weil es sich besser anfühlt. Auch hier: Die innere Haltung ist die äußere Handlung. Unsere Körpersprache unterstützt hier unsere Gefühle.

WIE LÄUFT'S DENN SO? – DER GANG

Für meine RTL-Fernsehsendung »Geheimnisse des Gedankenlesens« haben wir Schauspieler hinter einer Leinwand laufen lassen. Meine Gäste konnten nur den Schatten der gehenden Schauspieler sehen. Vor jedem Gang haben die Schauspieler einen Zettel mit einer Emotion wie Wut, Freude, Trauer oder Ekel bekommen. Sie sollten sich beim Laufen auf die entsprechende Emotion konzentrieren. Die Aufgabe meiner Gäste bestand darin, am Gang zu erraten, auf welche Emotion der Schattenläufer sich beim Gehen konzentrierte. Meine Gäste lagen alle auf Anhieb richtig.

Gerade unser Gang verrät sehr viel über unsere Gedanken.

Ein trauriger Mensch läuft anders als ein wütender und das sehen wir alle auf Anhieb. Wir müssen das nicht lernen, wir können es naturgemäß. Meine ganz persönliche Hypothese ist, dass diejenigen, die das während der Evolution nicht konnten, keine Gelegenheit mehr hatten, sich fortzupflanzen. Macht doch Sinn, oder? Wenn uns ein Mensch auf der Straße entgegenkommt, ist er für uns nicht gefährlich, solange wir genügend Abstand zu ihm haben. Erst wenn er so nah an mir vorbeigeht, dass er mich mit seinen Armen berühren oder mit den Beinen treten kann, wird er möglicherweise zur Gefahr. (Zumindest, wenn er unbewaffnet ist – davon gehen wir jetzt mal aus.) Folglich ist es für uns alle sehr sinnvoll, schon am Gang zu erkennen, ob der betreffende Mensch eine Bedrohung darstellt oder nicht. Diejenigen unserer Vorfahren, die das nicht erkennen konnten, waren eindeutig benachteiligt und sind öfter in gewaltsame Konfrontationen geraten als diejenigen, die den Gang des potenziellen Aggressors richtig gedeutet haben und ihm ausgewichen sind.

Gehen ist kompliziert und ein ständiges »Nichthinfallen«. Dabei vollbringen unser Gehirn und unser Körper eine Meisterleistung der Koordination und Mathematik. Jeder Schritt ist eine gelebte Kurvendiskussion. Ein Bravourstück unseres Körpers. Wenn ich Sie bitten würde, im Kopf eine Kurvendiskussion zu berechnen, dann würden Sie höchstwahrscheinlich behaupten, dass Sie das auf Anhieb nicht können. Das betrifft die Ebene des Bewusstseins. Auf der Ebene des Unbewussten machen Sie das mit jedem Schritt, bei dem Sie nicht hinfallen. Für den Balanceakt des Gehens müssen der ganze Körper exakt berechnet, zahlreiche Gelenke koordiniert und mit der exakt passenden Energie von einem kleinen Punkt zu einem anderen verschoben werden.

Wenn ich für eine meiner Nummern einen Zuschauer von seinem Platz zu mir auf die Bühne bitte, schaue ich mir ganz genau an, wie der Betreffende geht, um zu mir zu gelangen. Allein durch die Art, wie er die Beine und Füße mit dem Rest des Körpers koordiniert, lässt sich viel rückfolgern.

Gewöhnlich gehen wir aufrecht und in Balance, Kopf und Hals sind frei und locker und die Arme schwingen leicht bei jedem Schritt.

Wenn jetzt ein Zuschauer beim Gehen den Kopf nach hinten rückt, wirkt sich das sofort auf die ganze Schulterpartie aus. Der Oberkörper wird dadurch insgesamt beim Gang weiter nach hinten geschoben. Der Hals wird automatisch starr, was sich auf jeden Schritt auswirkt. Wenn wir so laufen, können wir den Kopf nicht drehen, wir werden steif und schauen nur geradeaus und weder nach rechts noch nach links. Dementsprechend unflexibel ist der Läufer. Ein Mensch mit einer solchen Gangart ist in seinem Denken wahrscheinlich genauso unflexibel, vielleicht sogar pedantisch. Wahrscheinlich hält er sich exakt an die Konventionen, lässt sich nicht von seinem Weg abbringen und ist zielstrebig darauf fixiert, seine Vorhaben zu erreichen. Derart ehrgeizige Menschen lieben meist die Anerkennung der Gesellschaft. Aus diesem Grund lobe ich diese Art Läufer als Erstes. Das Lob muss echt sein, ein falsches Lob erkennt dieser Mensch sofort. Aber es muss kein großes Lob sein, »schöne Schuhe« oder so reicht zu Beginn vollkommen.

Des Weiteren bin ich bei solchen Menschen als Mentalist sehr vorsichtig. Einer, der starr und pedantisch läuft, denkt mit Sicherheit analog zu seinem Gang. Es gibt keine Grenzen. Eine solche Person ist entweder in meinem Programm,

a. um hinter die Tricks zu kommen,
b. weil er die Karte geschenkt bekommen hat – oder
c. weil seine Frau ihn dazu überredet hat.

Aber bestimmt nicht, um Spaß zu haben.

Diesem Zuschauer gebe ich eine Aufgabe, bei der er zeigen kann, wie klar und genau er sie erledigt. Eher keine Aufgabe, die Fantasie erfordert, denn diese ist höchstwahrscheinlich nicht seine Stärke. Beim Beruferaten tippe ich in solchen Momenten auf die Finanzabteilung eines Unternehmens oder Branchen, in denen ganz akkurat und nach

Plan gearbeitet wird. Bitte verstehen Sie die Charakterisierung nicht falsch: Die oben beschriebenen Charakterzüge sind von mir nicht wertend gemeint. Es gibt viele Branchen, in denen wir den oben beschriebenen Typ unbedingt brauchen. Wenn ich zum Beispiel in einem Flugzeug sitze, dann wünsche ich mir, dass die Berechnungen der Flügel des Fliegers von genau diesen Menschen ausgeführt wurden und nicht von Typen wie mir.

Wenn dagegen ein Mensch beim Gehen seinen Kopf nach vorn streckt, ist er wahrscheinlich sehr vorsichtig. Bevor der Körper folgt, schaut er sich alles genau an. Dabei sind der Hals und die Schulter-Brust-Partie ebenfalls angespannt und unflexibel. Er kann daher auf Unvorhergesehenes nur mit Rückzug reagieren. Rechts und links sind, wie bei unserem ersten Läufer auch, ausgeblendet. Das lässt erneut auf eine vorsichtige Natur schließen: im Zweifelsfall Rückzug.

Wenn ein solcher Läufer jetzt noch ständig vor sich auf den Boden schaut, ist er extrem vorsichtig, wo er hintritt. Jeder Schritt wird mit Bedacht ausgeführt.

Dann gibt es noch diejenigen, die den Kopf ständig in Bewegung halten. Dadurch erweitern sie ihr Sichtfeld und beobachten alles. Aber es fehlt oft die Konzentration aufs Wesentliche. Sie sind eine Quelle für Klatsch und Tratsch und wissen alles über ihre Umgebung und Mitmenschen.

Dann können wir natürlich auch noch auf die Brust und den Oberkörper achten. Wenn ein Mensch mit vorgeneigtem Oberkörper geht, ist er voraussichtlich aktiv, ehrgeizig und perfektionistisch. Das Ziel wird derart vehement verfolgt, dass die Füße kaum hinterherkommen. Das verstärkt Stress und lässt auf wenig Zeit schließen, denn man kommt meistens ganz knapp von irgendwoher und muss auch fast immer noch schnell irgendwohin.

Der beim Gang nach hinten gezogene Oberkörper lässt die Füße vorlaufen und folgt nur widerwillig. Der Läufer zweifelt, ob der gewählte Weg der richtige ist.

Der Gang mit schlaffer, eingefallener Brust ist energielos. Die Luft wurde ausgeatmet, es fehlt an Aktivität und Lust weiterzumachen. Diesen Typ Läufer sehe ich in meinen Programmen praktisch nie. Denn solche Exemplare melden sich nicht freiwillig und weigern sich auch, nach vorn zu kommen, wenn ich sie darum bitte. Aber auch das kommt praktisch nicht mehr vor, denn sie nehmen keinen Blickkontakt zu mir auf, wenn ich sie anschaue. Vielleicht kommen sie auch gar nicht erst ins Programm, weil ihnen sogar die Energie fehlt, sich eine Karte zu besorgen ...

WATSCHLER ODER TAPSER? – DIE FÜSSE

Den besten Tipp fürs Beobachten der Füße habe ich bei Samy Molcho gelesen. Er beschreibt, wie wir uns mit einem Bild sehr gut klarmachen können, welche Bedeutung die Fußhaltung beim Gehen besitzt. Wir müssen uns die Fußlinie hierzu nur durch einen Ski verlängert vorstellen.

Klar, wenn die Skier nach innen gedreht werden, bremsen wir ab. Der Skifahrer kennt das als »Schneepflug« oder, wie es der Skilehrer meiner Kinder noch viel schöner sagte, »Pizza«. Wenn die Füße und die Skier vorn aufeinander zeigen und so ein Viertel-Pizzastück formen, nimmt das jeden Schwung.

Das parallele Fahren nannte er übrigens »Pommes«.

Das Bild mit den Skiern ist klasse. Neben »Pizza« und »Pommes« können die Füße natürlich auch nach außen zeigen. In dem Fall öffnen wir uns so sehr, dass die Energie entweicht. Mit Skiern verlieren wir das Gleichgewicht und fallen hin.

Entsprechend verhält es sich mit der Fußstellung beim Laufen. Wenn eine Person mit »Pizza«-Füßen läuft, dann bremst sie. Sie ist im Moment zurückhaltend. Wenn gleichzeitig die Arme schützend nah am Körper gehalten werden und die Brust eingefallen ist, dann hat derjenige keine Luft mehr. Wir haben es mit einem introvertierten Menschen zu tun und werden etwas unternehmen müssen, um Zugang zu finden.

Zeigen die Fußspitzen nach außen, wird Energie vergeudet. Dieser Läufer ist wahrscheinlich extrovertiert, ein Charakterzug, der oft mit mangelnder Empathie und Großspurigkeit einhergeht. Außerdem fehlt es dem Außenfüßler oft an Fokus. Er würde gern nach vorn kommen, aber die Füße ziehen den Gang aus der Spur. Diese Person ist wahrscheinlich leicht ablenkbar.

Der Pommes-Läufer dagegen läuft sicher und ist in perfekter Balance: Er ist zielstrebig und selbstsicher.

Die Stellungen der Füße sind natürlich nicht isoliert zu betrachten, sondern wir müssen das ganze Ensemble studieren.

Macht der Läufer große oder kleine Schritte?

Geht er dabei langsam oder schnell?

Große Schritte bedeuten mehr Risikobereitschaft, denn man nimmt sich dabei die Sicherheit des Zwischenschritts. Großschreitende sind daher wahrscheinlich auch im Denken groß. Details lenken ab und beengen. Der Großgänger möchte schnell ans Ziel und ist risikobereit.

Am anderen Ende des Spektrums ist der Trippler. Es setzt in kleinen Schritten vorsichtig einen Fuß vor den anderen. Diese Art zu gehen ist sorgfältig und schützt vor Risiken. Das Denken dieser Person wahrscheinlich auch.

Wenn Sie sich selbst in diesen Charakterisierungen erkennen und etwas ändern möchten, kann ich Sie nur ermuntern, den Handlungskreislauf an diesem Punkt zu beginnen. Um anders zu denken und anders »durch die Welt zu gehen«, können Sie Ihr Gehverhalten ändern. Plötzlich wird sich viel ändern – ich versichere Ihnen, Sie werden staunen!

SITZT, WACKELT UND HAT LUFT – DIE SITZPOSITIONEN

Wenn ich im Vorfeld meiner Tourprogramme Interviews gebe, gibt es seitens der Interviewer einige Standardfragen.

»Was ist meine erste Frage?« ist so eine. (Das fragen die mich wirklich andauernd. Und ich soll das dann hellseherisch beantworten.) Gewöhnlich antworte ich mit: »Ihre erste Frage lautet: ›Was ist Ihre erste Frage?‹« Damit ist es dann auch meistens gut.

Eine weitere lautet: »Muss ich in Ihrer Show Angst haben, auf die Bühne gebeten zu werden?« Offensichtlich ist das eine riesige kollektive Angst.

Ich hatte nie Angst, auf der Bühne zu stehen. Dennoch kann ich die Angst nachvollziehen. Wir begeben uns in die Öffentlichkeit, alle unsere Handlungen werden vor Publikum ausgeführt und von den Zuschauern beurteilt. Da kann man sich schon mal fürchten. Das taten selbst Größen wie Mark Twain. Er sagte. »Das menschliche Gehirn ist eine großartige Sache. Es funktioniert vom Augenblick der Geburt bis zu dem Zeitpunkt, wo du aufstehst, um eine Rede zu halten.« Das kann vier Hauptursachen haben: Wir sind generell ängstlich, wir wollen uns nicht blamieren, wir sind introvertiert, wir sind Perfektionisten.

Am schlimmsten trifft es also ängstliche und introvertierte Perfektionisten, die sich nicht blamieren wollen. Der Soziobiologe E.O. Wilson stellte die Theorie auf, dass wir aus evolutionsbedingten Gründen nicht gern beobachtet werden. Wir verbinden es unterbewusst mit der Zeit, in der wir noch in Gruppen in der Steppe lebten. Und dort bedeutete diese intensive Beobachtung, dass ein wildes Tier uns ins Visier nahm. Klingt plausibel: Vor einer Gruppe haben wir einfach Angst, gefressen zu werden.

Und wenn Sie Angst haben, stellen Sie sich dann aufrecht hin, lächeln freundlich und reden laut und wild gestikulierend?

Das ist sicher nicht unser erster Impuls. Der erste Gedanke ist Flucht und der zweite, dass wir uns verstecken wollen. Wir können als Menschen nicht einfach Tausende von Jahren Evolution verdrängen – wir wollen weg. Die Zuschauer erinnern uns an Raubtiere. Keine gute Basis für ein lockeres und selbstbewusstes Auftreten.

Ein weit verbreiteter Ratschlag für nervöse Redner lautet, dass man sich sein Publikum nackt vorstellen soll. Bei mir würde genau das deutlich mehr Panik auslösen als jeder normale Auftritt. Wer will schon vor einem Haufen Nackter auftreten? Außerdem sind nackte Löwen meines Erachtens unter Umständen viel bedrohlicher als welche in Anzug und Abendkleid.

Um jetzt aber die Frage aller ängstlichen Journalisten ein für alle Mal und schriftlich zu beantworten: Nein! Niemand muss Angst haben, von mir wider Willen auf die Bühne gezerrt zu werden. Erstens bin ich Körperleser und sehe, ob ein Zuschauer mitmachen will oder nicht – und zweitens kann jeder Zuschauer auch Nein sagen, sollte ich mich mal verlesen haben.

Woran erkenne ich aber nun an der Sitzposition, ob jemand offen ist oder geschlossen?

Zunächst einmal können wir bei sitzenden Menschen beobachten, wie viel Sitzfläche sie in Anspruch nehmen.

Nimmt unser Gegenüber die ganze Sitzfläche in Anspruch oder nur die Hälfte?

Sitzt es auf der Stuhlkante?

Ist derjenige zurückgelehnt?

Verschränkt er die Beine?

Gehen wir doch mal auf die einzelnen Variablen ein.

Wenn ein Mensch sich ganz vorsichtig nur auf die Stuhlkante setzt, leicht vorgebeugt, dann kann er jederzeit schnell aufstehen. Wenn ich im Publikum jemanden aussuche, ist das für mich ein gutes Zeichen. Für Sie als Gastgeber bei sich zu Hause jedoch nicht. Meistens bedeutet das, der Sitzende möchte nicht lange bleiben. Es kann auch sein, dass derjenige sich nicht bequem hinsetzen möchte, weil er Ihnen bei Ihren Gastgebertätigkeiten helfen will. Oder auch eine gewisse Angst ausdrückt, zu viel Zeit zu beanspruchen.

In dem Fall signalisiert diese Sitzposition, dass derjenige sofort gehen kann, wenn es gewünscht ist. Egal, was der Hintergrund sein mag, derjenige, der so sitzt, sitzt nicht lange so. Samy Molcho beschreibt in *Körpersprache* hier eine Besonderheit: Sitzt eine Frau nur auf der Stuhlkante und kreuzt dabei die Beine parallel seitlich aufeinander, wirkt das ästhetisch und sexy. Die Beine wirken länger. Die große Zehe liegt seitlich am Boden, die Fußsohlen liegen nicht auf. Eine Frau in dieser Sitzposition kann nicht aufstehen, sie zeigt sich von ihrer besten Seite, denn durch diese Haltung ist sie gezwungen, den Oberkörper gerade zu halten, was die weiblichen Vorzüge ebenfalls kultiviert zum Vorteil bringt. Wenn Sie diese Position bei einer Frau während eines Flirts beobachten, sind Sie auf einem vielversprechenden Weg.

Nimmt der Sitzende den ganzen Stuhl in Anspruch, ist er zunächst nicht bereit aufzustehen. Dazu muss er sich erst nach vorn beugen und die Hände auf die Armlehne oder die Knie legen.

Stuhlwippen ist auch so eine Sache. Ich sehe es bei meinem Publikum nie, bei meinem Sohn dagegen ständig. Auch hier muss die Sitzfläche ganz in Anspruch genommen werden, er macht den Oberkörper lang und streckt beim Wippen die Beine aus. Die Wippbewegung ist rückwärtsgewandt: Mein Sohn zieht sich zurück. Das bedeutet nicht unbedingt Passivität. Meistens beobachtet er aus dieser Position genau, was seine Eltern und Schwestern so treiben, um sich im richtigen Moment einzuschalten. Davor kippt er meistens wieder nach vorn und beugt den Oberkörper in unsere Richtung. Nach dem Motto: »Jetzt sage ich euch mal was ...«

Auf die Armlehne eines Stuhls darf sich nicht jeder setzen. Stellen Sie sich vor, Sie sind als Paar bei Freunden eingeladen und eine Frau, die Sie nicht kennen, setzt sich auf die Armlehne Ihres Mannes. Sie wären als Partnerin sicher nicht begeistert. Weil eine solche Sitzerin nämlich die persönliche Distanz zu Ihrem Mann unterschreitet, und mit dieser Geste starke Nähe ausdrückt.

Durch das Sitzen auf der Lehne drücken wir auch bei einem leeren Stuhl einen höheren Status und übermäßige Souveränität aus. Derjenige, der hier sitzt, ist höher positioniert als die anderen Sitzenden. Ein Zeichen für Dominanz. Privat und auch bei Seminaren habe ich das schon oft beobachtet.

Neben der beanspruchten Fläche spielt beim Sitzen die Haltung der Beine eine große Rolle. Da die Beine anders als im Stehen unseren Körper nicht stützen müssen, bewegen sie sich freier. Und auch hier gelten wieder unsere Grundbausteine: Die Haltung der Beine in der Sitzposition ist entweder offen oder geschlossen.

Ich weiß, das mit den Grundbausteinen habe ich jetzt schon oft geschrieben. Ich werde das auch noch oft schreiben, weil es fürs Körperlesen elementar ist.

Als ich in Monterey studierte, habe ich zum ersten Mal beobachtet, dass meine amerikanischen Mitstudenten oft eine andere Sitzposition eingenommen haben als die europäischen. Ich fand das sehr spannend und habe Jahre später bei Allan und Barbara Pease meine Beobachtung bestätigt gesehen. Die beiden unterscheiden eine europäische Version der übereinandergeschlagenen Beine und eine amerikanische.

Bei der europäischen, die laut dem Ehepaar Pease auch im asiatischen Raum und in britisch geprägten Ländern üblich ist, wird einfach ein Bein über das andere gelegt. Diese Haltung ist geschlossen. In fast jedem Buch über Körpersprache lese ich nun, dass Menschen in dieser Position sich zurückziehen. Meine Beobachtungen bestätigen das nicht. Ich sitze ganz oft so, weil es einfach bequem ist. Außerdem verschließen wir uns nur in eine Richtung. Wenn Sie Ihr rechtes Bein über das linke legen, verschließen Sie sich zwar nach rechts – öffnen sich aber ein wenig nach links. Wenn also eine interessante Person links neben Ihnen sitzt, verschließen Sie sich durch die Geste nicht vor ihr. Dann habe ich oft gelesen, dass Menschen, die sich sehr attraktiv finden oder sehr vertraut sind, sich so hinsetzen, dass sie sich durch die übereinandergeschlagenen Beine zueinander öffnen. Die rechts sitzende Person hat also das rechte Bein oben und die links sitzende überkreuzt die Beine, indem sie das linke Bein über das rechte schlägt. Auf Fotos sieht das toll aus und manchmal ist das auch wirklich der Fall. Aber meine Erfahrung ist: Wir schlagen immer dasselbe Bein über das andere und wechseln dabei nicht gern. Genau wie wir beim Händefalten immer denselben Daumen oben haben und die Arme immer gleich verschränken. Andersrum fühlt es sich falsch an. Also gebe ich auf diese Signale nicht viel.

Neben der europäischen Variante habe ich bei meinen amerikanischen Studienkollegen eine Variante gesehen, die aussieht wie die Ziffer 4. Ein Bein wird angewinkelt und mit dem Knöchel auf dem Oberschenkel des anderen Beins abgelegt, das Knie des angewinkelten Beins steht dabei zur Seite ab. Laut den Peases hat diese Beingeste den Nazis im Zweiten Weltkrieg verraten, ob jemand Amerikaner war oder Deutscher. Ähnlich wie in Quentin Tarantinos Film *Inglourious Basterds* eine falsche Fingergeste beim Zählen einen amerikanischen Agenten verrät, was bei Tarantino erwartungsgemäß in einem Gemetzel endet. Der amerikanische Agent ordert drei Gläser und unterstützt seine Bestellung mit erhobenem Zeige-, Mittel- und Ringfinger. In Deutschland streckt man für die »3« dagegen Daumen sowie Zeige- und Mittelfinger in die Höhe.

Zurück zur »4«. Diese Haltung betont unweigerlich die edlen Teile des Sitzenden. Sie wird vornehmlich von Männern eingenommen. Sie zeigt, von wem wir abstammen, denn auch Affen zeigen gern mal auf ihre Genitalien, wenn sie angriffslustig sind, einer körperlichen Konfrontation jedoch möglichst aus dem Weg gehen wollen. Sitzende in dieser Position zeigen ihre Dominanz je nach Situation gleich doppelt. Denn wenn die anderen stehen und nur einer sitzt, hat der Sitzende automatisch den höheren Status. Der König darf sitzen, die Diener und Wachen müssen stehen. Und wer den Größten hat, der hat gewonnen. Manchmal habe ich den Eindruck, wir sind noch ganz nah am Affen ... Da Frauen sich gewöhnlich kultivierter benehmen als Männer, sieht man diese Geste bei ihnen nicht so häufig. Und falls doch, dann hauptsächlich in Gegenwart anderer Frauen. Von Männern würde die Geste als sexuelle Kontaktbereitschaft gedeutet werden.

Manchmal sehen wir die »4« auch in einer Kombination: Das oben liegende Schienbein wird zusätzlich mit einer oder beiden Händen von oben festgehalten. Es wird praktisch doppelt geschlossen. Eine Person in dieser Haltung hat »zugemacht«. Sie wird sich sowohl körperlich als auch geistig nicht von ihrer Position bewegen. Sie hat ihre Meinung und wird bei augenscheinlichem Konkurrenzverhalten unbeugsam auf ihr beharren.

Nebenbei: Untersuchungen haben gezeigt, dass Menschen beim Treffen endgültiger Entscheidungen meistens beide Füße auf dem Boden stehen haben. Wenn Sie also jemanden um eine Entscheidung bitten, dann sollten Sie nach Möglichkeit warten, bis er beide Füße auf dem Boden hat. Übereinandergeschlagene Beine sind in solchen Momenten kein gutes Signal. Wenn Sie das beobachten, dann sollten Sie auf einen besseren Moment warten.

Die Beine können sich nicht nur bei den Oberschenkeln kreuzen, sondern auch am Schienbein oder an den Knöcheln. Meistens sieht man an den Knöcheln gekreuzte Beine in Kombination mit zurückgezogenen Beinen. Vom Knie abwärts werden die Unterschenkel unter die Sitzfläche gezogen. Diese Geste wird meistens von jemandem eingenommen, der auf seinem Standpunkt bleiben möchte, denn aus dieser Position kann der Sitzende nicht aufstehen.

All diese Beingesten lassen sich natürlich nur beobachten, wenn wir freie Sicht auf die Beine haben. An einem Schreib- oder Esstisch oder auch bei einem Online-Meeting haben wir diese Möglichkeit nicht. Dennoch gibt es eine Beingeste, die wir selbst hier beobachten können: das Wippen mit den Füßen.

Dieses Wippen sehen wir erstaunlich gut am Oberkörper und den Schultern, die sich im selben Rhythmus mitbewegen. Das Wippen der Beine bedeutet immer überflüssige Energie, die durch die Bewegung abgebaut wird. Das kann eine schöne Aufregung sein wie das Treffen mit einem geliebten Menschen, den wir schon lange nicht mehr gesehen haben – es kann aber auch einen verdeckten Fluchtreflex bedeuten.

Gar nicht so einfach: Dieselbe Geste kann also für Herzflattern und Aufregung im besten Sinne stehen – aber auch für unser Quartett des Leidens: Zweifel, Unsicherheit, Angst oder Stress. In jedem Fall ist die betreffende Person voller Energie. In Gedanken rennt sie schon los, der Körper bleibt jedoch noch sitzen. Ob es sich um freudige oder nervöse Aufregung handelt, können wir an anderen Merkmalen wie Mimik oder Handgesten ablesen. Die kennen wir ja schon.

Ich selbst erwische mich oft mit wippenden Füßen, wenn ich auf dem Weg zu einem Auftritt lange im Zug sitze. Ich steige in München ein und ab Stuttgart oder Nürnberg geht es los – manchmal durchgehend bis Hamburg. Mit der Bewegung baue ich Stress ab. Ich kann nicht andauernd im Zug rumrennen, also mache ich es eben an meinem Platz. Durch die Geste stelle ich dynamische Harmonie her. Ich gebe Bewegung in die Ruhe.

Allerdings nur für mich, denn meine Frau macht das Gehoppel wahnsinnig.

2

DIE EIGENEN GEDANKEN HÖREN UND SEHEN – SEI BEWUSST

»Bitte helfen Sie mir«, sagt der Patient zum Psychologen, »ich möchte so gern mal wieder herzhaft lachen.« »Da habe ich eine tolle Idee für Sie«, antwortet der Psychologe, »gerade ist ein Zirkus in der Stadt. Da tritt ein Clown auf: Beppo, der Clown. Schauen Sie sich den mal an. Wenn Sie da nicht lachen müssen, weiß ich auch nicht weiter.« »Ich bin Beppo, der Clown.«

Wir sehen den Menschen oft nicht an, was wirklich in ihnen vorgeht. Das liegt daran, dass wir die Welt durch unsere ganz eigene Brille betrachten. Diese Brille besteht aus unseren Erfahrungen und Werten, aus unseren Glaubensvorstellungen und Annahmen.

Um andere Menschen zu lesen und das Körperlesen zu perfektionieren, ist es sehr wichtig, dass wir diese Brille und ihren Zusammenhang mit unserem Denken kennenlernen. Je mehr wir über das Zusammenspiel unserer Wahrnehmung mit unseren Gedanken und damit auch unseren Emotionen wissen, desto stärker können wir auch die Realitäten unserer Gesprächspartner erkennen und uns in sie hineinversetzen, um ihre Gefühle und Gedanken zu erahnen.

Um in einem ersten Schritt zu erfahren, wie sich unsere innere Einstellung auf unsere Wahrnehmung auswirkt, bitte ich Sie, folgenden Selbstversuch zu machen.

Bitte schauen Sie sich einige Augenblicke in der Umgebung um, in der Sie sich gerade befinden. Was sehen Sie? Nehmen Sie sich ungefähr zehn Sekunden Zeit und betrachten Sie Ihr Umfeld. Danach lesen Sie bitte weiter.

Gut. Als Nächstes stellen Sie sich bitte vor, Sie seien Schreiner. Und jetzt betrachten Sie Ihr Umfeld in Ihrer Eigenschaft als Schreiner. Nach zehn Sekunden lesen Sie bitte weiter.

Jetzt schauen Sie sich noch mal um, dieses Mal als Immobilienmakler. Und dann als Innenarchitekt, dann als Konferenzplaner.

Ihre Umgebung hat sich jedes Mal verändert. Andere Dinge wurden wichtig, einige unsichtbar und weitere wiederum sind Ihnen möglicherweise erst beim dritten oder vierten Hinsehen aufgefallen. In dem Moment, in dem sich Ihre Aufmerksamkeit geändert hat, sind neue Möglichkeiten aufgetaucht, die Umgebung wahrzunehmen.

Ganz praktisch hat sich Ihr Umfeld geändert, sobald Sie Ihre innere Perspektive geändert haben.

Das ist eine der wichtigsten Grundannahmen für Körperleser.

Körperleser beobachten ihre Mitmenschen und ihre Umwelt von vielen verschiedenen Standpunkten aus. Und je mehr wir über diese verschiedenen Standpunkte wissen, desto mehr Möglichkeiten haben wir, sie einzunehmen und zu wechseln. Je erfahrener und geübter wir darin sind, desto besser und geschickter können wir uns in andere hineinversetzen und deren Perspektive und Realität annehmen.

Wenn ich einen Menschen kennenlerne oder auch wenn ich einen Zuschauer auf die Bühne bitte, frage ich mich als Erstes: Wie alt ist dieser Mensch wohl? Aus welcher Perspektive heraus beobachtet er sich und die Welt? Und ich? Wie alt bin ich für diesen Menschen und aus welcher Perspektive beobachtet er mich? Unsere Aufgabe als Körperleser ist, die Perspektive zu wechseln und unsere Umwelt und unsere Mitmenschen von vielen Blickwinkeln aus zu betrachten. Dann können wir von deren Standpunkt aus agieren und ein tiefes Verständnis für sie entwickeln. Vorausgesetzt natürlich, wir möchten das. Das bedeutet übrigens nicht, dass wir mit dem Standpunkt der anderen einverstanden sein müssen oder dass wir ihn akzeptieren. Es bedeutet nur, dass wir einen anderen Zugang entwickeln und dem anderen dadurch auch unseren Standpunkt deutlicher vermitteln können.

Der Körperleser wertet nicht, was er liest und übersetzt!

Er gibt dabei nicht seine eigene Meinung wieder und er muss auch nicht einverstanden sein mit dem, was er dolmetscht.

Sobald wir beginnen, das Beobachtete zu werten, in »gut« und »schlecht« einzuteilen, in »hübsch« und »hässlich« oder in »richtig« und »falsch«, haben wir die Rolle des Dolmetschers verlassen und können nicht mehr richtig beobachten. Glauben Sie mir, ich weiß, wovon ich schreibe. Denn während meines Studiums war eine der wichtigsten Lektionen meiner Dozenten: Bleib neutral. Selbst, wenn du mal einen Redner vor dir hast, dessen Standpunkte du verabscheust. Nicht zu werten und zu urteilen ist ein sehr wichtiger Aspekt, auf den wir in Kapitel 6 noch näher eingehen werden.

Das große Ziel unseres Austauschs mit anderen Menschen besteht immer darin, eine harmonische Verbindung mit ihnen aufzubauen. Dass es hierbei nicht um Balance geht, sondern um dynamische Harmonie, haben wir bereits gesehen. Das bedeutet, dass wir in manchen Momenten sehr wohl energischer auftreten können und in manchen eher besänftigend.

Ohne die Verbindung zu anderen Menschen vereinsamen wir. Stellen Sie sich einmal vor, Sie wären ganz allein auf der Welt, ohne ein anderes Lebewesen. Ein solches Leben erscheint leer und sinnlos. Selbst Robinson Crusoe hatte mit »Freitag« einen Mann an seiner Seite. Die Tatsache, dass wir alle Crusoe und die Geschichte kennen, zeigt, dass die Vorstellung des Alleinseins uns tief berührt, denn das Buch erschien 1719. Ewige Einsamkeit ist für fast jeden von uns eine Horrorvorstellung. Wir brauchen andere Lebewesen, um uns mit ihnen auszutauschen. Tom Hanks bastelt sich in dem Film *Cast Away* aus einem Volleyball einen Kopf, mit dem er redet. Er gibt diesem Kopf sogar einen Namen, Wilson, und der Verlust dieses Balls im Film berührt uns, weil wir sofort fühlen, dass Hanks damit seinen einzigen Gesprächspartner verliert. Im Film *I am Legend* ist der Virologe Dr. Robert Neville (gespielt von Will Smith) der einzige Überlebende auf der Welt. Außer ihm gibt es nur noch zombieähnliche Überlebende und seinen Hund. Das Einzige, was Neville antreibt, ist die Entwicklung eines Heilmittels für die Zombies und die Suche nach anderen Menschen.

Der Mensch braucht den Austausch. Aber so natürlich dieser Austausch auch ist, er ist und bleibt menschlich. Und damit oft schwierig und voller Missverständnisse.

Oft liegen diese Missverständnisse nicht an dem, was unser Gegenüber sagt, sondern daran, wie wir es einordnen. Und umgekehrt. Aus der Sicht unserer Mitmenschen: Kommunikation ist nicht das, was wir sagen, sondern das, was beim anderen ankommt. Dabei spielt unsere Körpersprache eine wichtige Rolle. Sie bringt zum Ausdruck, wie wir uns fühlen und welchen emotionalen Gehalt wir einer Botschaft geben. Stellen Sie sich vor, Ihr Partner steht vor Ihnen. Die Lippen zusammengepresst, der Blick mit starren Lidern auf Sie fokussiert. Sie fragen: »Was ist los?« und Ihr Partner antwortet mit zusammengebissenen Zähnen: »Nichts«. Glauben Sie der Sprache der Worte oder der Sprache des Körpers?

Die Körpersprache ist ein wichtiges Mittel, um uns mitzuteilen.

Auf diese Mitteilung des anderen erfolgt natürlich eine Reaktion von uns. Und jetzt kommt der Knackpunkt: Sehr oft erfolgt diese Reaktion aus Gewohnheit. Unsere Kinder reden darüber, dass sie zu viele Hausaufgaben aufhaben. Unsere gewohnheitsmäßige Reaktion: Wir winken ab und erzählen, dass wir früher auch viele Hausaufgaben aufhatten.

Im Zug redet ein Mann laut in sein Handy: Wir sind genervt. An der Kasse im Supermarkt steht ein älterer Herr, der lange sein Kleingeld zählt, weil er passend zahlt: Wir schauen auf die Uhr und verdrehen die Augen. Zumindest bei mir waren das schon gewohnheitsmäßige Reaktionen. Aber: Vielleicht sind es wirklich zu viele Hausaufgaben. Ich habe auch schon laut im Zug telefoniert, weil es dringend war und eines Tages bin ich vielleicht der ältere Herr, dessen Augen die Münzen nicht mehr unterscheiden können.

Inzwischen sehe ich das so: In solchen Momenten lerne ich etwas über mich. Ich lerne, dass ich meine Kinder nicht immer ernst nehme. Ich lerne, dass mich laute Gespräche anderer sauer machen. Und ich lerne, dass ich unter Zeitdruck schnell ungeduldig werde. In solchen Momenten höre und sehe ich also nicht, was andere mir sagen – ich höre und sehe, was ich denke! So betrachtet, ist das alles eine Lerneinheit des Lebens.

Welche Möglichkeit habe ich nun, damit nicht mehr gewohnheitsmäßig, sondern angemessen, konstruktiv und manchmal auch kreativ umzugehen?

Mein Vorschlag: Lassen Sie zunächst einmal die Emotionen weg! Emotionen sind meistens Nachrichten unseres Unterbewusstseins an unser Bewusstsein. Aufgrund einer vergangenen Erfahrung bewerten wir die Situation. Wenn wir viele Hausaufgaben erledigen mussten, können die Jugendlichen heute das ruhig auch tun. Die Welt hat sich aber seither geändert. Vielleicht ist ja wirklich zu viel zu erledigen. Oder mein Kind braucht so lange, weil es einen Kniff, den ich draufhatte, nicht kennt. Wie in unserer Übung mit den verschiedenen Berufen ändert sich unser Umfeld, wenn WIR uns ändern.

Eine sehr praktische Technik, die Emotionen wegzulassen, besteht in der Wahl unserer Worte. In einer meiner Coaching-Konsultationen war einmal ein Mann, der generell sehr angespannt war. Pizza-Gang, verkniffene Lippen und Augen und eine dauerhafte Grundspannung im Körper. Er wollte von mir lernen, lockerer auf andere Menschen zuzugehen und seine Mitarbeiter besser zu führen. Er sei zu misstrauisch, sagte er. Ich fragte ihn, warum er denn seiner Meinung nach erst mal keinem Menschen über den Weg traue. Das sei schon in seiner Kindheit losgegangen, meinte er, als er sieben Jahre alt war, habe seine Mutter seinen Vater und ihn sitzen lassen. Er fühlt sich immer noch betrogen. Der Mann war Ende 40! Ich habe ihm vorgeschlagen, dieses Mantra zu ändern und jede wertende Aussage durch eine neutrale zu ersetzen. Von nun an sollte er zu sich sagen: »Als ich sieben Jahre alt war, ist meine Mutter weggegangen und ich weiß nicht, warum.«

Sehr schnell hat sich seine ganze Haltung geändert. Innerlich und äußerlich.

Dieses Weglassen der Emotionen geht auch im Alltag. Um bei unseren Beispielen zu bleiben: Meine Kinder sind sehr beschäftigt und fragen mich um Rat. Der Mann hinter mir redet laut und ich weiß nicht, warum. Der alte Mann an der Kasse sieht die Münzen nicht mehr so gut und braucht daher mehr Zeit. Sie ändern nicht das vergangene oder aktuelle Geschehen – Sie ändern Ihre Interpretation.

»Zwischen Reiz und Reaktion liegt ein Raum. In diesem Raum liegt unsere Macht zur Wahl unserer Reaktion. In dieser Reaktion liegen unsere Entwicklung und unsere Freiheit«, sagte der Neurologe und Psychiater Viktor Frankl.

3

DIE ARCHITEKTEN UNSERER EXISTENZ – DIE EBENEN UNSERES BEWUSSTSEINS

Das Körperlesen und die daraus resultierende Verbindung zu anderen Menschen und zu unserem Umfeld ist eines der zentralen Themen unseres Lebens.

Wir verbinden uns aber nicht nur mit unserer Umwelt, wir verbinden uns auch mit uns selbst – hier meine ich die Vernetzung zwischen unserem Körper und unserem Geist.

Aber was heißt das eigentlich?

Wir wissen erstaunlich viel über die Biologie unseres Körpers. Dagegen wissen wir erstaunlich wenig darüber, wie unsere Gedanken und unser Geist funktionieren und arbeiten.

Klar, intuitiv wissen wir, dass es uns gut geht, wenn die Verbindung zwischen uns und unseren Mitmenschen stimmt. Oder die Verbindung zwischen unseren Gedanken und unseren Handlungen. Sobald diese Beziehung jedoch stockt, fühlen wir uns unwohl. Wir spüren, da stimmt irgendetwas nicht – aber wir können es oft nicht benennen. Es ist mehr ein Gefühl, eine Ahnung – nichts Greifbares und Benennbares. Häufig fehlt uns das richtige Werkzeug, um tiefes Verständnis über unsere Gedanken und unser Verhalten zu erlangen.

Mit diesem Kapitel möchte ich das ändern. Ich möchte Ihnen ein System vorstellen, mit dem wir unsere Gedanken betrachten können, um dadurch mehr Erkenntnis über uns selbst und über andere zu gewinnen. Die Wortschöpfung »die Architekten unserer Existenz« habe ich übrigens von Benedict Wells, einem meiner Lieblingsautoren. Er schreibt davon in seinem Roman *Vom Ende der Einsamkeit.*

Verstehen Sie die hier beschriebenen Ideen bitte als eine Sammlung von Werkzeugen. Ich habe die folgende Unterteilung von dem Psychologen Dr. Serge King auf Hawaii gelernt und sie ist für mich ein wichtiges Hilfsmittel in meiner mentalen Werkzeugkiste.

King ist Psychotherapeut. Er ist ein Meister seines Fachs und beschäftigt sich schon sein Leben lang mit der polynesischen Philosophie des »Huna«. Serge könnte auch als Hamburger Seemann durchgehen: grauhaarig, Schifferkrause und gütig lächelnd. Ein wenig wie Abraham Lincoln – wenn der nicht immer so finster geschaut hätte.

Nach zahlreichen Treffen in Deutschland besuchte ich Serge im Sommer 2016 zum ersten Mal auf Hawaii, gemeinsam mit meiner Familie. Serge und seine Frau Gloria begrüßten uns traditionell, indem sie uns bei unserer Ankunft einen Blumenkranz, den hawaiianischen Lei, um den Hals legten.

Mit sonorer Stimme lehrte uns Serge, wie ein Huna-Meister das Leben betrachtet: »Huna heißt übersetzt in etwa ‚Geheimnis' oder ‚verborgenes Wissen'. Damit ist aber nicht Geheimhaltung gemeint, sondern es handelt sich eher um etwas, was immer da ist, aber nur schwer zu sehen ist. Wie ein Staubkörnchen in der Luft oder ein Wassertröpfchen in der Brandung. Die Idee besteht also eher darin, dass kaum ein Geheimnis schwerer zu beobachten ist als eines, das nicht verborgen ist. Unser Körper und unsere Umwelt sprechen zu uns und zu allen anderen. Falls wir jedoch nicht darauf achten, vermögen wir nicht, diese Signale zu sehen und zu interpretieren.«

Serge erklärte weiter, dass es sich bei Huna um sehr altes Wissen handelt, das erst 1918 von Max Freedom Long wiederentdeckt wurde. Long war Sprachforscher und Autor von Selbsthilfebüchern. Sein Buch *Geheimes Wissen hinter Wundern* hat mich in meinen Zwanzigern extrem fasziniert.

Die Philosophie des Huna geht davon aus, dass wir unsere Realität selbst erschaffen, über unsere Glaubenssätze und Meinungen. Die daraus resultierende, selbst erzeugte Realität wiederum bestimmt unsere Gedanken und damit unsere Emotionen und folglich unsere Handlungen. Huna versucht, das Wesen des Menschen zu verstehen, indem es den Menschen in drei Ebenen einteilt: die Herz-, Verstandes- und Geistesebene. Die Methoden und Techniken sind jederzeit anwendbar, gearbeitet wird nur mit dem Körper und dem Geist. Die Methoden ermöglichen es uns, Zugang zu den verborgenen Facetten unserer Persönlichkeit zu erhalten und sie bewusst zu betrachten.

Die Schrittfolge ist: Erkenne dich selbst – und verstehe dadurch andere. Nur wenn wir unsere eigenen Motive und Gedanken verstehen, können wir uns sinnvoll mit anderen verbinden.

Das große Ziel besteht hier immer im Herstellen von Verbindungen und Harmonie mit uns, mit unserer Umwelt und mit unseren Mitmenschen. Es geht nie darum, die Meinung des anderen zu ändern.

Na, wenn das nichts ist für uns Körperleser!

Einer der spannendsten Aspekte ist Kings Einteilung der menschlichen Psyche in Bewusstsein, Unterbewusstsein und Überbewusstsein. Die Einteilung in drei Aspekte scheint bewährt. Auch Sigmund

Freud hat unsere Psyche dreigeteilt in Es, Ich und Über-Ich. Diese Dreiteilung ist nicht mit dem Huna-Modell zu verwechseln. Auch Carl Gustav Jung hat die Gedankenwelt in mehrere Teile gegliedert – wiederum anders als bei Freud oder Huna.

Allein hier sehen wir schon, dass jede Unterteilung von etwas so Abstraktem wie unserer Gedankenwelt willkürlich ist. Wir können sie in drei Teile gliedern, aber wir könnten auch genauso gut jede andere Zahl nehmen. Wie bei einer Avocado entscheiden wir, wie wir sie aufteilen. Wir könnten die Avocado zum Beispiel in ihre Inhaltsstoffe aufteilen: gesättigte und ungesättigte Fette, Vitamine, Folsäure und Kalzium und, und, und. Eine Einteilung in Schale, Fruchtfleisch und Kern scheint mir im Alltag jedoch am praktischsten. Genauso machen wir es hier jetzt auch.

Bewusstsein sowie Unter- und Überbewusstsein sind gemeinsam unser Geist. Sie sind nicht getrennt voneinander – so wie eine Avocado nur mit Haut, Fruchtfleisch und Kern eine Avocado ist. Sie arbeiten zusammen – manchmal aber nicht besonders gut. Das sind die Momente, in denen wir uns nicht gut fühlen und meist nicht bestimmen können, warum.

Damit die drei richtig gut miteinander arbeiten können, brauchen wir ein klares Verständnis davon, wie diese Zusammenarbeit aussieht.

Zum besseren Verständnis bemühen wir – neben der Avocado – ein weiteres Bild:

Stellen Sie sich eine schöne Kutsche mit einem Sechser-Pferdegespann und einem netten Kutscher vor. In der Kutsche sitzt ein Reisender.

Der Kutscher gibt die Befehle. Er kennt den Weg. Er weiß, wo er hinwill. Er hat die Kontrolle.

Die Pferde ziehen die Kutsche. Sie kennen den Weg nicht und nehmen die Befehle des Kutschers entgegen. Sie sind viel stärker als der Kutscher, aber führen gewöhnlich seine Befehle aus. Die Kutsche wird gezogen und der Passagier vertraut darauf, dass er irgendwann wohlbehalten ankommt.

Der Kutscher steht in unserem Bild für unser Bewusstsein. Wir können ihn auch bestimmendes Selbst, Verstand, Intellekt oder rationalen Geist nennen. Seine Funktion besteht darin, alles, was wir wahrnehmen, zu analysieren und zu ordnen. Außerdem kommuniziert der Kutscher mit der Außenwelt und mit den Pferden, die in unserem Bild für das Unterbewusstsein stehen.

Unser Bewusstsein bewertet und gibt dem, was wir erleben, einen Sinn (oder eben nicht). Das bedeutet: Der Ursprung unserer Erfahrung liegt immer in uns selbst!

Wir bewerten.

Was wir als Glück oder Unglück empfinden, wie wir mit anderen Menschen zusammenleben und -arbeiten und auch wie wir andere Menschen lesen und beurteilen – all das kommt eben nicht von außen. Die Quelle all dessen liegt vielmehr in unserem Bewusstsein und seinen Analysen, Wertungen und Vorstellungen. Hier liegt das Zentrum, das interpretiert, ordnet und entscheidet.

Hier könnten Sie jetzt natürlich erwidern, dass wir uns die Situation, in der wir uns befinden, ja meistens nicht aussuchen können und dass äußere Umstände wie unsere Eltern und Freunde doch auch einen sehr großen Anteil an der Gestaltung unseres Charakters und Lebens haben.

Nun, das stimmt natürlich. Ich denke, wir können uns fast nie aussuchen, in welcher Situation wir uns befinden – wie wir die Situation bewerten dagegen schon.

Das ist eine sehr alte Erkenntnis. Schon der Stoiker Epiktet schrieb in seinem *Handbüchlein der Moral*, dass es Dinge gibt, die in unserer Macht stehen, und andere, bei denen das nicht der Fall ist. In unserer Macht stehen alle Produkte unseres Willens, wie etwa Urteile, Begierden oder Abneigungen, nicht in unserer Macht steht dagegen alles, was nicht von uns erzeugt wird, wie etwa unser Körper, Besitz oder was uns in unserem Leben alles zustößt.

Selbstverständlich werden wir durch unser Umfeld beeinflusst. Durch unsere Eltern, Geschwister, Partner, Lehrer, Freunde, Arbeitskollegen. Aber auch hier sind wir es, die diesen Einfluss bewerten, und die Handlungen anderer beurteilen. Erst aufgrund unserer Beurteilung und Wertung handeln wir. Nicht jeder, der eine schlimme Jugend hatte, wird wie Joaquin Phoenix im Film zum »Joker«. Und es gibt viele machtgeile und besitzergreifende Menschen, die in funktionierenden Familien aufgewachsen sind.

Laut Serge King setzen die meisten Menschen ihr Bewusstsein entweder zu viel, zu wenig oder falsch ein.

Zu viel, wenn wir in der Vergangenheit leben oder uns im Augenblick nur auf das Schlechte um uns herum konzentrieren. Oder wenn wir über Dinge klagen, die wir nicht ändern können. Und auch wenn wir ständig in »gut« und »schlecht« werten und uns über Kleinigkeiten aufregen. Eine Nichtigkeit, das wusste bereits Astrid Lindgrens *Karlsson vom Dach*, »stört keinen großen Geist«.

Ab und zu nutzen wir die Analysefähigkeit und Ordnungsliebe unseres Bewusstseins zu wenig. Zum Beispiel, wenn wir lustlos werden und in langweilige Routinen verfallen. Wenn wir über eine Situation jammern, anstatt ernsthaft zu überlegen, wie wir angemessen darauf reagieren und durch eine klare Analyse unsere Lage verbessern können.

Die Situation ist, wie sie ist – wir entscheiden, wie wir sie nutzen.

Und dann gibt es die Momente, in denen wir unser Bewusstsein falsch nutzen. Das tun wir, sobald wir andere für unsere Lage verantwortlich machen und uns rechtfertigen, warum wir eine Sache nicht besser machen können.

In seinem Buch *Ihr Körper glaubt, was Sie ihm sagen* schlägt Serge zwei Übungen vor, mit denen wir unser Bewusstsein ergründen können.

Die erste Übung besteht darin, dass wir uns immer wieder selbst anhören, was wir so denken. Beobachten Sie Ihre Selbstgespräche und Gedanken und verdeutlichen Sie sich, wie Sie Ihre Handlungen werten und beurteilen. Oder wie oft Sie eine Situation aus der Vergangenheit erneut gedanklich durchleben und dabei kritisieren, rechtfertigen und bewerten. Überlegen Sie, ob das dazu führt, dass Sie sich gut fühlen.

Die zweite Übung besteht in der Analyse, wie oft wir beim Tagträumen die Zukunft vorwegnehmen. Wie oft denken wir positiv oder negativ über ein Ereignis in der Zukunft? Wie beeinflusst diese Zukunftsfantasie unsere Entscheidungen und unser Verhalten in dem Moment, in dem wir darüber nachdenken?

Denken Sie daran: Auch gedankliches Durchleben einer Situation vertieft die Erinnerung. Auch wenn die Situation nur vorgestellt und in unserer Fantasie stattfindet, behandeln wir sie wie eine echte Erinnerung. Das gibt der Vorstellung die Macht, unser Verhalten zu ändern und entsprechende Erfahrungen anzuziehen. So wird sie unter Umständen zu einer sich selbst erfüllenden Prophezeiung.

Kurz gesagt: Unser Bewusstsein strebt immer in Richtung Ordnung. Es analysiert und will Dinge abschließen und fertigstellen. Ein typisches Spiel, das unser Bewusstsein anspricht, ist Schach. Klare Struktur, klare Ordnung, klare Regeln. Das gefällt unserem inneren Kutscher.

Unser Unterbewusstsein ist da ganz anders! Es interessiert sich nur für das Angenehme und überhaupt nicht für Regeln und Ordnung. Mit Schach kann es nichts anfangen – wenn wir dagegen bei Regenwetter in eine Pfütze springen, gefällt das unserem Unterbewusstsein. Keine Regeln, kein Sinn, einfach nur Spaß.

Neben der Kommunikation und der Analyse ist die wichtigste Funktion unseres Bewusstseins, dass es unserem Unterbewusstsein sagt, was zu tun ist.

Nicht umgekehrt!

Es ist ein weit verbreiteter Irrglaube, dass wir den Gefühlen unseres Unterbewusstseins blind folgen sollten. Vielmehr sollten wir sie prüfen und dem Bewusstsein die Entscheidung überlassen. Hinweise unseres Unterbewusstseins sind nur Signale – keine Befehle.

In unserem Trio sind die Pferde diejenigen, die arbeiten und die Kutsche ziehen. Tatsächlich leistet unser Unterbewusstsein immens viel. Es kümmert sich um unsere Körperfunktionen und unsere Verhaltensweisen. In unserem Unterbewusstsein liegt unser Gedächtnis. Dass in unserem Modell das Körperliche und das Gedächtnis im selben Teil unseres Ichs abgelegt werden, ist kein Widerspruch. Unser Körper und unsere Erinnerungen sind stark miteinander verbunden. Sobald wir an etwas Unangenehmes denken, verspannen wir. Denken Sie an Ihre Reaktion auf den Gedanken, etwas Ekelhaftes zu essen.

Jeder Körperleser weiß, dass in einem verspannten Körper ein unangenehmer Gedanke wohnt.

Umgekehrt können wir unter Anspannung und Stress oft die einfachsten Erinnerungen nicht mehr wachrufen. Mein Publikum ist jedes Mal erstaunt, wenn einer meiner Zuschauer sich plötzlich nicht mehr an seinen Namen erinnern kann oder nicht mehr weiß, wann er Geburtstag hat. Natürlich ist die Erinnerung noch da – sie ist in solchen Momenten nur blockiert. Sobald ich den Zuschauer dazu bringe, sich zu entspannen, kann er sich sofort erinnern.

Eine der wichtigsten Funktionen unseres Unterbewusstseins – wir können es auch »Körperbewusstsein« nennen – besteht darin, Befehle unseres Bewusstseins auszuführen. Die Pferde laufen dorthin, wo der Kutscher es befiehlt. Es denkt nicht wie unser Bewusstsein, es agiert eher. Erinnern und Befehle ausführen, darin ist unser Unterbewusstsein unschlagbar. Dabei versucht es immer, Schmerz zu vermeiden und uns angenehme Erlebnisse zu bescheren. Es ist somit auch der Hüter unserer Gewohnheiten.

Inzwischen wissen wir ja, dass jeder Gedanke unseres Bewusstseins zu einer Reaktion unseres Unterbewusstseins führt. Wenn wir an eine unangenehme Erinnerung denken, dann reagiert unser Unterbewusstsein sofort so, als wäre diese Erinnerung jetzt gerade präsent. Bei einem unangenehmen Gedanken spannen wir sofort an – bei einem angenehmen entspannen wir uns sofort.

Ständiges Wiederholen von Glaubenssätzen, die Beschäftigung mit inneren Bildern und Erinnerungen sorgen dafür, dass unser Unterbewusstsein diese Gedanken als Wahrheit betrachtet und den Befehlen gehorcht. Unser Bewusstsein hat keine Erinnerung. Daher weiß es nicht, dass es gewisse Regeln als Gewohnheit etabliert hat. Jede unangenehme Gewohnheit wird daher dem Unterbewusstsein in die Schuhe geschoben. Wir haben keine Kontrolle darüber, denken wir.

Doch das stimmt nicht.

Wir können mit unserem Unterbewusstsein in Kontakt treten und Gewohnheiten ändern. Das werden wir in den folgenden Kapiteln auch noch tun.

Um unser Unterbewusstsein besser kennenzulernen, können wir ihm zum Beispiel einen Namen geben. Bevor Sie das Buch jetzt nur noch als Tischstütze oder Fliegenklatsche verwenden, lesen Sie bitte weiter. Jedes Selbstgespräch ist ein Gespräch mit unserem

Unterbewusstsein. Daher bezeichnen Psychologen unsere Selbstgespräche auch gern als »Selbstinstruktion«. Ein sehr gutes Wort. Der Name erleichtert die Kommunikation mit unserem Körperbewusstsein erheblich. Es ist ein bisschen wie mit »Alexa« oder »Siri«. Die reagieren auch sofort (und nur dann), wenn man ihren Namen ausspricht. Ich kann Sie nur ermuntern: Suchen Sie sich einen schönen Namen für Ihr Unterbewusstsein und reden Sie es mit seinem Namen an. Das hat Max Freedom Long, der Wiederentdecker der Huna-Philosophie, auch schon mit Erfolg gemacht. Wenn Sie wissen wollen, ob Ihr Unterbewusstsein seinen Namen mag: Fragen Sie es!

Wählen Sie den Namen einer Romanfigur oder Filmfigur, die Sie mögen. Oder Ihren zweiten Vornamen. Ich weiß, es hört sich verrückt an. Wenn Sie es jedoch mal ausprobieren, werden Sie merken, dass es funktioniert.

Eine andere Methode, Ihre Pferdchen ein wenig besser kennenzulernen, ist die sogenannte »Schatzsuche«. Die haben wir bei Serge auf Hawaii gemacht und die mache ich inzwischen immer wieder gern.

Hierzu suchen Sie sich einen ruhigen Raum und setzen sich bequem und entspannt hin. Jetzt bitten Sie Ihr Unterbewusstsein, Ihnen seine liebste Erinnerung zu schicken. Denken Sie nicht bewusst an eine. Der Trick ist ja gerade, dass nicht Ihr Bewusstsein entscheidet, sondern Ihr Unterbewusstsein. Bitten Sie einfach um die Erinnerung, die Ihr Unterbewusstsein in dem Moment bevorzugt. Dann warten Sie ab, welche Erinnerung kommt. Manchmal sind Schätze dabei, die wir scheinbar schon völlig vergessen hatten.

Bevor wir uns mit anderen Menschen verbinden und sie dadurch besser verstehen können, ist es notwendig, uns mit uns selbst zu verbinden. Dabei sind die Übungen in diesem Kapitel sehr hilfreich.

Zur Vervollständigung unseres Trios fehlt nun noch das Überbewusstsein. Es wird manchmal auch als höheres Selbst bezeichnet. In unserem Bild mit dem Kutscher und den Pferden ist es unsichtbar – wie im echten Leben auch. Vielleicht hilft ein Beispiel: Ich weiß im Nachhinein nicht mehr, wie ich auf die Ideen in meinen Büchern komme. Irgendwann sind sie einfach da und ich arbeite daran, bis sie druckreif sind.

Picasso wurde einmal gefragt, wo er seine Inspiration sucht. Er antwortete: »Ich suche nicht, ich finde.« Plötzlich sind die Ideen einfach da. Wie aus dem Nichts.

Ein Freund von mir ist ein großartiger Jazzgitarrist. Ich fragte ihn kürzlich, wie er improvisiert und wie er auf Ideen für seine Songs kommt. Seine Antwort: »Ich habe irgendwann einmal die Werkzeuge dafür gelernt. Die richtigen Skalen, Songwriting, Akkordfolgen – die Musiktheorie, die ich dafür brauche. Die benutze ich dabei – aber woher die Ideen kommen, weiß ich nicht.«

Ein sehr berühmtes Beispiel für eine geträumte Melodie ist »Yesterday« von den Beatles. Paul McCartney hat die Melodie nachts geträumt. Er hat selbst keine Ahnung, woher die Melodie kam. Soweit der romantische Teil, hier ein paar weitere Fakten: Das Lied sollte ursprünglich »Scrambled Eggs« (Rühreier) heißen. Nach seinem Traum saß McCartney auf der Toilette und überlegte sich einen Text für die geträumte Melodie. Später wurde aus »Scrambled Eggs« dann »Yesterday«. Die Story zeigt neben der ungeklärten Herkunft der Inspiration einen weiteren wichtigen Aspekt: Inspiration allein ist nichts wert. Wir müssen danach auch daran arbeiten und sie realisieren. Und manchmal ist es sehr wichtig, aus »Scrambled Eggs« ein »Yesterday« zu machen. Ein weiteres Picasso-Zitat zur Inspiration:

»Die Inspiration existiert, aber sie muss dich bei der Arbeit finden.« Denn ohne Arbeit ist jede Inspiration wertlos. Die Arbeit macht unser Überbewusstsein nämlich nicht für uns. Es gibt Rat und Führung, aber keine Befehle. Es überlässt uns, was wir mit seinen Ideen machen und wie wir sie umsetzen. Aus diesem Grund ist es auch müßig, unser Überbewusstsein zu fragen, was wir als Nächstes tun sollen. Entscheiden muss der Kutscher. Unser Überbewusstsein kommuniziert auf ähnliche Weise mit uns wie unser Unterbewusstsein: über Bilder, Gefühle und Worte. Wir können es nach Vorschlägen fragen und werden eine Antwort erhalten.

Probieren Sie doch mal Folgendes, wenn Sie nicht wissen, was zu tun ist: Gehen Sie in die Natur. Wenn das nicht geht, betrachten Sie eine Pflanze oder Blume. Sie können auch ein Foto einer schönen Naturszene betrachten. Jetzt nehmen Sie sich einfach Zeit und konzentrieren sich auf die Schönheit, die Sie in der Natur umgibt. In dem Maße, in dem Sie sich mit der Schönheit und Ästhetik verbinden, schaffen Sie Harmonie in Ihren Gedanken. Suchen Sie nicht, finden Sie. Sie können auch in Gedanken zu sich selbst sagen: »So, liebes Überbewusstsein, schick mir doch mal ein paar Ideen, was ich als Nächstes machen könnte.« Und dann beginnen Sie zu arbeiten. Glauben Sie mir, die Inspiration wird kommen.

Eine andere Möglichkeit besteht darin, einfach mit irgendeiner Tätigkeit anzufangen. Beim Schreiben neuer Abendprogramme schreibe ich an einigen Tagen einfach irgendwelche Ideen auf. Ich lege einfach los.

Das Geheimnis besteht genau darin, NICHT zu warten, bis die Inspiration von allein kommt. Die Muse küsst nicht von sich aus. Sie will eingeladen werden. Ohne Arbeit keine Inspiration. Je mehr Ideen, desto besser. Irgendwann suche ich dann die Idee aus, die mir am besten erscheint. Das erfüllende Gefühl dahinter kennen wir alle: Wir wissen plötzlich und ohne Grund, dass wir auf der richtigen Fährte sind. Jetzt wird die Inspiration aktiv.

4

SINNLICH UND ÜBERSINNLICH – SEI KONZENTRIERT

Der Frage-und-Antwort-Akt ist der Gipfel der Mentalmagie.

Das Publikum denkt persönliche Fragen, die dann vom Gedankenleser auf der Bühne beantwortet werden. In lange vergangenen Zeiten kam kaum ein Varieté oder Showprogramm ohne Gedankenleser aus. Vor allem in den USA der 1920er- und 1930er-Jahre wurden Mentalisten als Showeinlage in Kinos gebucht. Sie zeigten ihre Darbietung vor dem Hauptfilm und spielten zum Teil wochenlang im selben Kino. Fast alle zeigten den Frage-und-Antwort-Akt.

Der berühmteste von allen war Alexander – The Man Who Knows, Alexander der Wissende. Er hieß mit Vornamen wirklich Alexander. Sein Nachname war Conlin, den ließ er einfach weg. Orientalisch gekleidet mit Turban, Gewand und drei Showgirls betrat er die Bühne. Das Publikum gab ihm in Umschlägen versiegelte persönliche Fragen, die er beantwortete. Meist ohne den Umschlag zu berühren und immer, ohne ihn zu öffnen. Seine Show war eine Sensation und Alexander war einer der reichsten Künstler seiner Ära. Nachdem er sich Ende der 1920er-Jahre aus dem Showgeschäft zurückgezogen hatte, bevorzugte er es, seine Methoden geheim zu halten. Einige hatten eine Ahnung, aber niemand war sich sicher, wie Alexander seine Experimente zustande brachte. Er weigerte sich, andere in seine Geheimmisse einzuweihen. Und er hatte viele davon. Auch wenn seine Bühnengeheimnisse die gefragtesten waren, waren seine Geheimnisse abseits der Bühne noch tiefer und abgründiger. So war Conlin nicht nur Gedankenleser, er war als Bigamist auch gleichzeitig mit mehreren Frauen verheiratet. Außerdem verdiente er während der Prohibition wohl Geld mit Alkoholschmuggel und Erpressung und wurde von einem Mord wahrscheinlich nur freigesprochen, weil er den Staatsanwalt bestochen hat.

Als Showman war er zweifellos der größte Mentalist seiner Zeit. Und das Glanzstück seiner Show war der Frage-und-Antwort-Akt.

Sein zwölf Jahre jüngerer Berufskollege Joseph Dunninger – damals ebenfalls ein Star – sagte über Alexander: »He was the most brilliant son of a bitch I ever met.«

Auf Bayerisch würde man sagen: »A Hund is a scho!«

Mich haben die Geschichten von Alexander und Dunninger schon immer fasziniert und inspiriert. Gerade das Beantworten nur gedachter Fragen hatte für mich schon lange einen großen Reiz. Es geht zurück in die Antike.

In Griechenland wurden antike versiegelte Bleitäfelchen gefunden, in die Fragen geritzt waren. Diese Fragen wurden von Orakeln beantwortet. Vor 2500 Jahren noch nicht als Showeinlage, das kam erst später.

Ich fragte mich: Wenn das vor 100 Jahren in den USA als Showeinlage eine große Nummer war, warum wird es dann heute nur so selten gezeigt? Ich glaube, es liegt daran, dass die Nummer nicht nur künstlerisch herausfordernd ist – sie so vorzuführen, dass das Publikum gebannt ist, ist sehr anspruchsvoll.

Aber wie finde ich heraus, was mein Gegenüber beschäftigt?

Und wie kann ich das Interesse meiner Zuschauer dabei wecken und halten?

Das sind zwei zentrale Fragen für mich als Mentalist!

Das sind auch zentrale Fragen für jedes interessante Gespräch: Egal, ob Sie etwas verkaufen, einen Vorschlag machen oder mit jemandem flirten, wenn Sie das Interesse Ihres Gegenübers wecken und halten können, bleibt das Gespräch reizvoll und spannend.

Ich habe mich vor über 20 Jahren auf die Suche nach Antworten gemacht. Die wichtigsten zeige ich Ihnen auf den folgenden Seiten.

HALLO, DA BIN ICH! – INTERESSE WECKEN

Im Schauspiel, so habe ich gelernt, gibt es sechs Möglichkeiten, das Interesse des Publikums zu gewinnen. Durch:

- Gefahr
- Mitgefühl
- Sympathie
- Affinität
- Autorität
- Exklusivität

Da die Kommunikation der Absicht folgt, ist es für uns Körperleser von Vorteil, diese sechs Möglichkeiten ein wenig näher zu betrachten. Einmal, um zu erkennen, welche Methoden unsere Mitmenschen benutzen, um unser Interesse zu wecken (meist unbewusst), und natürlich, um unseren Werkzeugkasten zu erweitern und beim nächsten Gespräch die passende Methode bewusst zu wählen. Nachdem die Methoden aus dem Schauspiel kommen, wähle ich hier ebenfalls Beispiele aus dem Showbiz, um daraus dann Praktiken für den Alltag abzuleiten.

Gefahr

Wenn zu Beginn von *Mission Impossible 2* Tom Cruise im Monument Valley beim Freiklettern am Steilhang abrutscht, sich mit einer Hand über dem Abgrund hält und dann nach oben zieht, benutzt der Film das Element der Gefahr, um sofort unsere Aufmerksamkeit zu bekommen. Jeder James-Bond-Film beginnt mit einem Stunt, in dem Bond ums Überleben kämpft und überlebt. *Der weiße Hai* beginnt mit einer Szene, in der ein Schwimmer nachts im Meer vom Hai attackiert wird. Alles Gefahren, die uns sofort an den Bildschirm fesseln.

Wenn ich in meiner Show oder während meiner Vorträge auf der Suche nach Mitwirkenden durchs Publikum laufe, weiß ich, dass ich die ungeteilte Aufmerksamkeit der Gäste habe. Die Gefahr, auf die Bühne gebeten zu werden, sorgt dafür.

So geeignet der Einsatz von Gefahr für Film und Showbiz ist, für unser Alltagsleben ist sie meist keine brauchbare Methode.

Denn auch wenn Sie sofort die Aufmerksamkeit aller haben, werden die meisten Menschen versuchen, vor Ihnen zu flüchten. Woran Sie das erkennen, wissen Sie ja inzwischen.

Mitgefühl

Wenn ein anderer Mensch oder ein Tier leidet, empfindet jeder normale Mensch Mitgefühl und widmet der betreffenden Person oder dem Tier seine Aufmerksamkeit.

Ein sehr wichtiger Unterschied besteht zwischen Mitgefühl und Mitleid. Mitleid hat zur Folge, dass wir selbst mitleiden. Das ist nicht günstig, weil das Leid sich verdoppelt. Geteiltes Leid ist eben nicht halbes, sondern doppeltes Leid. Wenn wir leiden, können wir aber nicht helfen. Diese Lektion habe ich von meinem besten Jugendfreund gelernt. Er ist mit 17 Jahren an Krebs gestorben. Den ersten Krebs in der Hüfte hat er überlebt. Die Metastasen in der Lunge zwei Jahre später nicht. Als ich vor ihm einmal beinahe in Tränen ausgebrochen wäre, sagte er kühl: »Es reicht, wenn ich mich schlecht fühle. Wenn du jetzt auch am Boden bist, bist du mir keine Hilfe.« Das war mir eine große Lehre.

Viel angebrachter ist Mitgefühl, denn Mitgefühl bedeutet Empathie. Wenn ich mitfühle, versetze ich mich in die Lage des anderen. Ich bleibe handlungsfähig und kann helfen.

Wenn uns jemand von seinem Leid erzählt, ist unsere direkte Reaktion oft: »Oh, das tut mir leid.« Und oft war's das dann. Das ist keine Hilfe. Noch unangebrachter ist die Reaktion vieler Eltern, wenn ihre Kinder ihnen von etwas erzählen, was sie verletzt oder was ihnen Sorgen bereitet. Die Eltern sagen darauf oft: »Ach, das ist doch nicht so schlimm.« Das ist sehr herablassend. Was weiß ich denn, wie schlimm eine Sache für einen anderen ist? Die Welt ist das, wofür wir sie halten. Das gilt auch für die anderen! Mit dem Spruch »Ist doch nicht so schlimm« erhöht sich das Elternteil und bricht jede echte Verbindung ab. Das resultiert oft darin, dass Kinder ihren Eltern zukünftig nichts mehr erzählen, sich allein fühlen und den Rat woanders suchen.

Eine viel bessere Reaktion auf das erzählte Leid eines Kindes (und auch jedes anderen) besteht vielmehr darin, erst mal nicht zu werten und seine Antwort auf vier kurze Worte zu beschränken: »Kann ich dir helfen?« Je nach Fall können wir auch fragen: »Was hast du unternommen?«

Diese Antworten lenken die Emotionen in eine neue Richtung, sorgen für einen Perspektivwechsel und die Gedanken fokussieren sich auf etwas anderes.

Falls uns jemand sein Leid klagt und wir können überhaupt nicht verstehen, was daran so schlimm sein soll (»Unser Sohn hat sein Abi nur mit 1,8 bestanden«, »Ich habe leider nur genügend Geld für einen Porsche Boxter«, »Ich habe nur um 8:30 Uhr einen Termin im Kosmetikstudio bekommen« …), ist es generell eine sehr gute Idee, das Gesagte *nicht* zu kommentieren. Unsere Aufgabe als Körperleser besteht zunächst einmal darin, zu erkennen, was der andere fühlt. Im zweiten Schritt können wir dann unser Bestes tun, den anderen zu verstehen und dafür zu sorgen, dass es ihm besser geht.

Die Aufgabe des Körperlesers besteht nicht darin, die Meinung des anderen über etwas zu ändern und das Gesagte zu kommentieren. Für echtes Mitgefühl müssen wir versuchen, die Situation unseres Gegenübers zu verstehen und die Welt mit seinen Augen zu sehen.

Mitgefühl ist eine starke, aber im Alltag meist unbrauchbare Methode, das Interesse anderer Menschen zu wecken. Wie wir oben gesehen haben, besteht in vielen Fällen der erste Impuls des Gesprächspartners darin, entweder mit uns (dem Leidenden) mitzuleiden (und dadurch nicht optimal handlungsfähig zu sein) oder uns zu erzählen, dass das alles doch nur halb so wild ist. Das bricht jede echte Verbindung ab.

Sympathie

Wir alle lieben Menschen, die uns sofort sympathisch sind. Sympathische Menschen haben meist eine offene Körperhaltung und sprechen mit dem Mund und dem Körper dasselbe. Die Wirkung der Sympathie muss echt sein. Wir können sie nicht vortäuschen, wir können sie aber kultivieren.

Der Schlüssel: Wir wirken sympathisch, wenn wir uns wirklich für unsere Mitmenschen interessieren, ihre Aussagen nicht sofort werten, Fragen stellen und dabei nicht einem offensichtlichen Plan folgen. Sobald wir spüren, dass unser Gegenüber einen vorgefertigten mentalen Fragenkatalog abhakt wie ein Vertreter am Telefon und dass er eine Technik benutzt, ist die Sympathie dahin. Aus demselben Grund bin ich auch kein Freund von angelernten Gesten. Die Körpersprache folgt unseren Gedanken ganz natürlich. Wenn wir uns wirklich für andere Menschen interessieren und wirklich eine Verbindung zu ihnen aufbauen wollen, dann spricht unser Körper automatisch die richtige Sprache. Die innere Haltung ist die äußere Handlung. Durch echtes Interesse reduzieren Sie automatisch die Distanz zu Ihrem Gesprächspartner, indem Sie sich zum Beispiel nach vorn beugen. Sie zeigen automatisch Ihre Handflächen und öffnen Ihre Körpersprache ganz von allein. Sie werden über längere Zeit automatisch ein Spiegelbild des anderen. Achten Sie mal darauf, wenn Sie nächstes Mal ein richtig gutes Gespräch führen – Sie werden eine ähnliche Sitzposition wie Ihr Gesprächspartner haben, ähnlich oft gestikulieren, sogar ähnliche Wörter benutzen und in derselben Lautstärke sprechen. Natürlich können Sie das alles auch bewusst machen – aber unbewusst aufgrund echter Sympathie ist es viel schöner. Das bringt uns zum nächsten Punkt.

Affinität

Je ähnlicher wir uns sind, desto schneller können wir mit jemandem eine Beziehung aufbauen. Die Anziehungskraft, die aus dieser Ähnlichkeit resultiert, bezeichnen wir auch als Affinität.

Im Englischen wird das durch den schönen Satz ausgedrückt: »We like each other when we are like each other.« Gegensätze ziehen sich vielleicht an – aber Gemeinsamkeiten verbinden.

Nehmen wir einmal an, Sie treffen im südamerikanischen Regenwald einen Menschen und erfahren, dass er aus Ihrem Heimatort kommt. Derjenige hat doch sofort Ihre Aufmerksamkeit und Sie wechseln sicherlich ein paar Worte mit ihm. Mir ist das auf Hawaii passiert. Ich war mit meiner Familie in einem kleinen Ort auf einem

Farmer's Market und hörte ein Ehepaar Deutsch reden. Ich meinte, einen saarländischen Dialekt herauszuhören, und fragte sofort nach. Die Antwort: »Ja, wir kommen aus dem Saarland.« (Das ist nur der ungefähre Wortlaut. In Wirklichkeit haben sie gesagt: »Ei joh, mir kumme aus Nunkirje.«) Wir hatten sofort einen guten Draht zueinander und der Kontakt besteht noch immer. Jeder mag es, wenn Menschen etwas mit ihm gemeinsam haben.

Diesen Aspekt können wir prima nutzen: Konzentrieren Sie sich dafür bei einem Kennenlernen oder auch nach einem Streitgespräch zum Versöhnen auf all das, was Sie mit dem anderen gemeinsam haben, und blenden Sie die Unterschiede aus. In meinen Vorträgen stelle ich hierzu zum Beispiel Fragen wie: »Wer kennt das, Sie stehen im Supermarkt – und an der anderen Kasse geht es immer schneller.« Währenddessen hebe ich meine Hand. Ich weiß, dass jeder von uns das kennt. Natürlich gehen im Publikum fast alle Hände nach oben. Das schafft Gemeinsamkeit zwischen allen, die die Hand heben. Und die lieben wir. Das geht so weit, dass sich in Wartezimmern unbewusst Brillenträger neben andere Brillenträger setzen oder Anzugträger neben Anzugträger.

Autorität

Eine weitere Methode, Interesse zu wecken und die Aufmerksamkeit unserer Mitmenschen zu erhalten, ist, autoritär zu sein. Autorität ist zweifellos ein Garant, dass andere uns zuhören. Sie ist jedoch ein zweischneidiges Schwert. Zu wenig davon, und unser Gegenüber glaubt uns nicht so leicht – zu viel davon sorgt dafür, dass wir arrogant und unnahbar wirken. Gerade bei der Technik der Autorität ist es wichtig, das Prinzip der dynamischen Harmonie im Kopf zu behalten: Strahlen wir zu viel Autorität aus, dann sollten wir ein wenig davon wegnehmen. Das können wir, indem wir zum Beispiel die Gemeinsamkeiten zwischen uns und unseren Gesprächspartnern betonen und so das Prinzip der Affinität nutzen. Ich habe das bei meinen Auftritten als Close-up-Zauberer oft gemacht. Angenommen, ich habe bei einer Nummer das Sternzeichen eines Zuschauers herausgefunden – wenn der Zuschauer Waage war, dann habe ich in solchen Momenten oft betont, dass ich ebenfalls Waage bin. Das geht auch mit vielen anderen Merkmalen: Tragen Sie die gleiche Uhr wie Ihr Gegenüber? Die gleichen Schuhe? Mögen Sie dieselbe Musik? Was auch immer: Interessieren Sie sich für Ihr Gegenüber (Sie wissen ja, das Prinzip der Sympathie) und betonen Sie Gemeinsamkeiten, wenn Sie Ihre Autorität ein wenig entschärfen wollen.

In anderen Momenten ist es wichtig, die Autorität zu erhöhen. Wenn Sie zum Beispiel eine Präsentation halten und kompetent auftreten möchten. Falls Sie merken, dass Ihnen ein wenig Autorität fehlt, können Sie körpersprachlich Kompetenz ausstrahlen, indem Sie sich nur noch zielgerichtet bewegen. Sie stehen still (und dennoch locker) und bewegen Ihre Hände nur, wenn Sie etwas greifen. Auch sprachlich benutzen Sie keine Füllwörter, sondern drücken sich gezielt und gewählt aus. Das müssen Sie freilich üben. Es wird sich auszahlen. In meinem Dolmetscher-Studium habe ich gelernt, dass es einen direkten Zusammenhang zwischen Autorität und Macht einer Person und deren Wortschatz gibt. Je höher der Status einer Person ist, desto höher ist wahrscheinlich auch ihr Wortschatz und ihre Fähigkeit, treffend zu formulieren.

Soweit die Info für Dolmetscher – es gibt aber auch noch eine für uns Körperleser: Es besteht nämlich ein direkter Zusammenhang zwischen sprachlicher Kompetenz und der Anzahl der Gesten, die ein Mensch benutzt. Je besser eine Person sich verbal mitteilen kann, desto weniger ist sie darauf angewiesen, das Gesagte mit Gesten zu unterstützen. Fehlen uns die richtigen Worte, müssen wir sie durch Gesten ersetzen. Je höher also der Status und die Autorität eines Menschen sind, desto weniger wird derjenige gestikulieren. Wenn ich bei einem Vortrag merke, dass das Publikum unruhig wird, spreche ich daher nicht lauter und werde lebhafter, sondern ich bewege mich weniger und spreche weniger. Merke ich, dass eine Gruppe zu viel Respekt vor mir hat, bewege ich mich mehr und betone unsere Gemeinsamkeiten: dynamische Harmonie.

Wenn Sie eine Gruppe von Menschen beobachten und herausfinden wollen, wer in der Gruppe den höchsten Status hat, dann beobachten Sie, wer sich am reduziertesten bewegt.

Als Faustregel für Redner gilt: Wir haben bereits genügend Autorität. Sonst würden wir nicht auf der Bühne stehen, sondern vor ihr sitzen. Wissen ist Macht. Wenn wir also unser Wissen teilen, dann sind wir allein schon dadurch autoritär.

Exklusivität

Die letzte Methode unserer Liste ist Exklusivität. Dieses Wort beschreibt die Tatsache, dass jeder von uns einzigartig ist. Das größte Geheimnis der Exklusivität besteht darin, dass Sie sie nicht suchen müssen. Sie sind bereits einzigartig!

Menschen mit wenig Selbstbewusstsein vergessen das oft. Jeder Mensch ist anders als jeder andere. Dieser Gedanke widerspricht im ersten Moment dem Prinzip der Affinität. Wir können aber viele Gemeinsamkeiten haben und eine Sache dennoch anders machen als alle anderen.

In der Managementliteratur lese ich oft von den berühmten vier A: anders als alle anderen. So, das sagen zumindest die Bücher, sollen wir sein. Dabei wird der wichtigste Buchstabe jedoch regelmäßig vergessen: das B für »besser«. Wenn Sie angenehm auffallen möchten, dann reicht es nicht, einfach nur anders zu sein als alle anderen. Abgesehen davon sind wir das ja sowieso schon, denn kein Mensch ist wie der andere.

Um wirklich aufzufallen, müssen wir anders als alle anderen sein und unsere Sache besser machen. Als Eric Clapton zum ersten Mal mit Jimi Hendrix auf der Bühne stand, wusste er nicht, wer das war. Der Manager von Hendrix, Chas Chandler, hat Clapton überredet, Hendrix mit auf die Bühne zu lassen. Fünf Minuten, nachdem Hendrix zu spielen begonnen hatte, hat Clapton die Bühne verlassen. Hendrix hat nicht nur anders als Clapton Gitarre gespielt. Das kann ich auch. Nein, Hendrix war dabei auch besser.

Die sechs Methoden habe ich hier aufgezählt, weil sie fürs Körperlesen sehr nützlich sind. Wenn Sie sie kennen, können Sie sehr genau analysieren, warum Sie jemand anderen interessant finden.

Wir können sie natürlich auch nutzen, um das Interesse anderer zu wecken.

ICH WEISS FAST ALLES ÜBER DICH – STRATEGIEN AUS DER KOMMUNIKATIONSPSYCHOLOGIE

Eines der größten Geheimnisse für uns Menschen besteht noch immer darin, herauszufinden, was andere Menschen denken. Ich glaube, auch das ist ein Grund, warum Alexander – The Man Who Knows sein Publikum so in seinen Bann ziehen konnte. Was wir uns aber bewusst machen sollten: Manchmal sind wir uns auch selbst ein Geheimnis! Wie oft wissen wir nicht, was wir als Nächstes tun sollen? Oder wo unsere wahren Stärken liegen?

»Soll ich meinen Job wechseln?« ist eine der häufigsten Fragen, die mir im Frage-und-Antwort-Akt gestellt werden. Gefolgt von »Werde ich im Leben erreichen, was ich mir vorgenommen habe?« und »Soll ich mir ein Tattoo stechen lassen?«. Oft sind auch sehr persönliche und essenzielle Fragen dabei. »Wird mein Mann seine Krankheit besiegen – oder besiegt sie ihn?« – heftig. Und immer wieder: »Was ist der Sinn des Lebens?« oder: »Werde ich im Lotto gewinnen?«.

Es gibt wohl Bereiche im Leben jedes Menschen, die er selbst nicht ergründen kann.

Welche könnten das sein?

Und was motiviert uns zum Handeln oder eben nicht?

Diese Fragen waren für mich der Schlüssel für meine Version von »Frage und Antwort«. Sie sind die Grundlage, auf der ich meine Fassung aufgebaut habe. Um mein Publikum genau zu beobachten und um gute Antworten auf die Fragen meines Publikums zu finden, habe ich mich mehr als zehn Jahre lang vorbereitet. Neben meinen Tricks und den Methoden, die ich Ihnen bislang beschrieben habe, habe ich mich tief eingearbeitet in die bereits erwähnte Philosophie des Huna und in die Psychologie der großen Mentalisten der Vergangenheit: ins Cold Reading.

Ich habe bereits in meinen Büchern *Ich weiß, was du denkst* und *Denk doch, was du willst* über Cold Reading geschrieben und möchte das an dieser Stelle vertiefen. Cold Reading – also das »kalte Lesen« – ist nicht mit dem gleichnamigen »kalten Vorsprechen« in der Schauspielerei zu verwechseln (der englische Fachbegriff dafür lautet ebenfalls »Cold Reading«). Dort müssen Schauspieler bei einem Casting eine Szene ohne jede Vorbereitung aus dem Stegreif spielen. Teilweise bekommen sie erst ein paar Sekunden vor dem Spiel die entsprechenden Texte und müssen vom Blatt spielen.

»Cold Reading« in der Mentalmagie bedeutet dagegen, dass Sie einen Menschen lesen, ohne ihn je vorher getroffen zu haben. Aus dem Stegreif und ohne irgendwelche Informationen über diesen Menschen. Sie beschreiben dabei seine Motive, seinen Charakter und die Themen, die diesen Menschen gerade beschäftigen mit hoher Treffsicherheit.

Ergänzend dazu gibt es auch das »Hot Reading«, bei dem Sie bereits vorab Informationen über Ihr Gegenüber recherchieren können und

Zeit haben, sich vorzubereiten. Social Media und Netzwerke wie LinkedIn sind hier eine sehr gute Quelle.

Sie können natürlich auch analog vorgehen und die einfachste Methode benutzen: Fragen Sie andere Menschen. Angenommen, Sie sind auf einer Party eingeladen und möchten gern mit einer Person ins Gespräch kommen. Um da nicht völlig kalt reinzugehen, könnten Sie zum Beispiel den Gastgeber nach der entsprechenden Person fragen und schon ein paar nützliche Informationen sammeln, von denen Ihr zukünftiger Gesprächspartner nicht weiß, dass Sie sie haben. Was Sie mit diesen Informationen machen können und wie Sie sie am besten verpacken, werden wir gleich behandeln.

Die Königsklasse besteht jedoch darin, einer fremden Person völlig unvorbereitet etwas über ihren Charakter, ihr Leben und ihre Wünsche zu erzählen.

Das war eine der zentralen Fähigkeiten, die ich mir für meinen Frage-und-Antwort-Akt angeeignet habe, denn bei meinen Vorträgen und Abendprogrammen war genau das gefragt. Meine Zuschauer werden vom Zufall bestimmt – ich kann mich nicht vorbereiten. Gerade das macht ja den Reiz aus.

Die Kombination von Körperlesen und Cold Reading ist eine der stärksten Methoden überhaupt, um andere Menschen zu lesen. Jede Disziplin für sich ist schon stark. Gemeinsam grenzen die Ergebnisse, die Sie im Umgang mit anderen Menschen erzielen können, an echte Zauberei. Die Strategien und der psychologische Hintergrund helfen nicht nur Mentalisten, sondern sind in jedem Lebensbereich hilfreich, in dem wir mit anderen Menschen zusammen sind.

Das gehört unbedingt ins aktive Repertoire aller Körperleser!

Legen wir also los.

Eine der besten Definitionen für »Cold Reading« habe ich in einem Seminar von Ian Rowland gehört. Rowland ist Brite und hat drei grundlegende Bücher über das Thema verfasst. In seinem Seminar definierte er Cold Reading so: »Eine Reihe verschiedener Strategien aus dem Bereich der Kommunikationspsychologie, die dich in die Lage versetzen zu beeinflussen, was andere glauben, denken und fühlen.«

Starker Stoff!

Die Technik ist sehr alt. Woher sie genau kommt und wer sie als Erster angewendet hat, lässt sich heute nicht mehr sagen. Ganz sicher wurde bei spiritistischen Sitzungen und Geisterbeschwörungen, die in den 1850er-Jahren sehr populär waren, schon mit Cold Reading gearbeitet. Bei diesen Sitzungen wurde über ein »Medium« scheinbar Kontakt zu Toten hergestellt. Das »Medium« wusste ganz viel über den Toten und die anwesende Person, die mit dem Toten in Verbindung stand. Heute ist man geneigt, die vermeintliche Leichtgläubigkeit der damaligen Menschen zu belächeln. Aber in gewissen Momenten ist nahezu jeder Mensch leichtgläubig.

Ich kann mir gut vorstellen, dass Sie beim Lesen der folgenden Methoden und Sätze zunächst denken: »Bei mir würde das nie funktionieren.«

Meine Erfahrung ist eine andere.

Ich bin davon überzeugt: Was Sie hier lernen werden, hat das Potenzial, eine der nützlichsten Techniken zu werden, mit denen Sie Ihren mentalen Werkzeugkasten ausstatten können. Stellen Sie sich vor, Sie sind in der Lage zu erkennen und sogar zu steuern, was andere glauben, denken und fühlen.

Die folgenden Strategien sind anwendbar im Verkauf, Management, in Trainings, bei Beratungen und Coachings, auf Partys, im Familienleben und in persönlichen Begegnungen jeder Art. Richtig angewendet, umgehen sie in Gesprächen das Bewusstsein und sprechen sofort das Unterbewusstsein an.

Ich verrate diese Methoden hier aus zwei Gründen: Erstens können Sie sich nur dann gegen Manipulationen anderer schützen, wenn Sie die Techniken der Manipulatoren kennen. Und zweitens – und das ist für uns Körperleser von grundlegender Bedeutung – können Sie sich mit Ihren Mitmenschen nur dann verbinden, wenn Sie verstehen, was diese antreibt, aus welcher Motivation sie handeln und wo ihr Problem liegt. Die hier gezeigte Technik sorgt für einen schnellen Verbindungsaufbau und gute Erinnerungen.

Werden wir praktisch.

Eine Grundregel im Cold Reading lautet: Stell keine Fragen – stell Behauptungen auf!

Von nun an gewöhnen wir uns als Körperleser an, zunächst weniger Fragen zu stellen und einfach mehr zu behaupten. Durch die anfangs aufgestellten Behauptungen erzeugen Sie den Eindruck, dass Sie ein tiefes Verständnis für Ihr Gegenüber haben, dass Sie es lesen können und genau wissen, was es gerade beschäftigt. Eben, dass Sie »wissen«. Unser Vorbild hieß ja auch »Alexander – The Man Who Knows« (Alexander, der Wissende) und nicht »Alexander – The Man Who Asks« (Alexander, der Fragende). Ihre Behauptungen sind jedoch nicht in Stein gemeißelt, sondern als Angebot zu verstehen. Auf dieses Angebot kann Ihr Gesprächspartner nun auf drei Arten reagieren: Er kann dem Angebot zustimmen oder er kann es ablehnen; körpersprachlich: Ihr Gegenüber öffnet oder verschließt sich. Als dritte Möglichkeit kann Ihr Gesprächspartner überhaupt nicht reagieren, in der Körpersprache also null Reaktion zeigen und buchstäblich schweigen.

Die Strategie besteht nun darin, als Cold Reader und Körperleser auf alle drei Möglichkeiten vorbereitet zu sein. Hierfür ist es vorteilhaft, dass Sie sich vorab überlegen, was das Ziel Ihres zukünftigen Gesprächs ist. In anderen Worten: Sie bereiten sich mental vor und wissen, wo Sie in Ihrem Gespräch hinwollen. Sie haben einen Plan (das ist übrigens generell eine gute Idee).

Wenn Sie wissen, wo Sie hinwollen, können Sie flexibel auf die drei möglichen Reaktionen Ihres Gesprächspartners reagieren. Frei nach Seneca: »Wer den Hafen nicht kennt, in den er segeln will, für den ist kein Wind der richtige.«

Angenommen, Sie sind auf einem Empfang oder einer Party. Dort treffen Sie eine fremde Person. Ihr Ziel: Mit dieser Person möchten Sie gern schnell ins Gespräch kommen und dabei eine Verbindung (Rapport) aufbauen. Das machen Sie ab jetzt in drei Schritten:

1. Angebot: Sie stellen eine Behauptung auf.
2. Sie beobachten die Reaktion (Sprache UND Körpersprache).
3. Sie reagieren flexibel und schließen ab.

Praktisch:

1. (Angebot) »Sie hatten für heute andere Pläne.«
2. (andere Person) »NEIN!«
3. (Abschluss) »Jemand wie Sie könnte jederzeit andere Pläne haben.«

Oder:

1. »Sie lieben Filme!«
2. »Nein!«
3. »Aber Sie interessieren sich für andere Menschen und deren Geschichten.«

Oder:

1. »Sie beschäftigen sich schon lange mit Ihrem Beruf.«
2. »Nein.«
3. »Auf mich wirken Sie wie jemand, der auf seinem Gebiet viel Erfahrung hat und viel weiß.«

Merken Sie, was hier passiert? Falls Ihr Gesprächspartner mit »Ja« antwortet, haben Sie einen Treffer gelandet. Falls nicht, reagieren Sie flexibel und ändern den Kontext. Sie ändern das Kriterium, auf das der andere sich bezieht. Angenommen, Sie sagen bei besagter Party: »Ich habe das Gefühl, Sie kennen den Gastgeber schon lange«, und der andere verneint, dann ist die Frage: Was ist lange? Jahre? Monate? Gilt die erlebte Zeit? Was bei diesem Beispiel als Antwort immer geht: »Sie wirken so vertraut, ich hatte den Eindruck, Sie kennen sich gut.« Oder auch: »Da haben Sie aber Glück, denn gewöhnlich werden nur Gäste eingeladen, die er schon lange kennt.« Oder aber auch: »Was ist schon Zeit, manchmal kommen einem einzelne Tage vor wie eine Ewigkeit.«

Mit dieser Methode sind Verneinungen überhaupt kein Problem mehr. Gewöhnlich killt ein »Nein« den Rapport zwischen zwei Menschen. Für Sie als Körperleser ist ab jetzt jedes »Nein« eine Chance, die Verbindung sogar zu verstärken. Sie müssen sich lediglich auf zwei Dinge vorbereiten:

1. Wie Sie reagieren und
2. was Sie sagen.

Dafür stellt Rowland in seinem Buch *Super Psychic Readings* das brauchbarste System auf, von dem ich bislang gelesen habe. Es zeigt, wie wir auf eine negative Antwort angemessen reagieren können. Nehmen wir einmal an, wir haben eine gemeinsame Bekannte: Clara. Wir reden über Clara und Sie erzählen mir, dass sie gerade aus Südamerika zurückgekehrt ist und es dort wunderbar fand. Darauf schaue ich Sie verwundert an und sage: »Südamerika? Ich dachte, sie war auf Hawaii?«

Durch diese Antwort wirke ich nicht konfrontativ oder besserwisserisch, sondern lediglich erstaunt. Würden Sie mit mir daraufhin eine Grundsatzdiskussion starten?

Wahrscheinlich nicht. Sie hätten einmal Ihre Erinnerung und zudem die Information, die ich Ihnen angeboten habe. Wahrscheinlich wären Sie genauso erstaunt wie ich und wir würden überlegen, wie es dazu kommt. Vielleicht hat einer von uns einen Fehler gemacht und Clara nicht richtig zugehört. Vielleicht war Clara ja in Südamerika *und* auf Hawaii?

In jedem Fall reagieren Sie voraussichtlich nicht mit einem harten »Nein, sie war in Südamerika«, sondern eher neugierig.

Wie kommt es zu den beiden verschiedenen Aussagen?

Konfrontieren Sie also Ihr Gegenüber bei gegensätzlichen Meinungen nicht, sondern öffnen Sie sich körpersprachlich und sprechen Sie mit Neugier in der Stimme. Machen Sie kein Fass auf, sondern gehen Sie wissbegierig auf das Gesagte ein und wechseln gegebenenfalls das Thema.

Ferner sollten Sie sich vorab überlegt haben, was Sie auf eine negative Antwort erwidern.

Die einfachste (und eine sehr oft übersehene) Möglichkeit besteht darin, die Situation einfach zu akzeptieren und zum nächsten Punkt überzugehen. Ein kurzes Schulterzucken, »okay« sagen – und weiterziehen. Nobody is perfect.

Eine weitere Option besteht darin, die Bedeutung Ihrer Aussage im Nachhinein zu ändern. Das haben wir in den obigen Beispielen schon gesehen und wir werden auf den nächsten Seiten noch viele sehr praktische Strategien dazu kennenlernen.

Das ist übrigens eine meiner Lieblingsmethoden beim Cold Reading: Ich stelle zunächst eine Behauptung auf, warte, wie der andere reagiert – und suche dann den entsprechenden Abschluss. Wenn mein Gegenüber zustimmt, habe ich einen Treffer gelandet. Falls der andere verneint oder keine Reaktion zeigt, nutze ich einen entsprechenden Satz zum Abschluss. Diese Sätze nennt der Mentalist auch »Outs« – Auswege.

Bevor wir weitere Outs und entsprechende Strategien dazu kennenlernen, sollten wir uns jedoch noch ein, zwei weitere Grundlagen aneignen: die Themen eines Readings und seine Struktur.

WAS UNS BEWEGT – LEBENSTHEMEN

Warum gingen die Menschen in der Antike zu einem Orakel und warum gehen Menschen heute zu einem Kartenleger oder auch zu einem Coach?

Weil sie eine für sie bedeutende Frage haben und hoffen, durch das Orakel, die Karten oder den Coach einen Hinweis, eine Inspiration oder einen Ratschlag zu bekommen. Interessant ist, dass all diese Personen im Laufe der gesamten Menschheitsgeschichte wussten, dass sie eine spezielle Aufgabe zu erfüllen, ein besonderes Ziel zu erreichen oder ein Problem zu bewältigen hatten. Das macht uns Menschen aus: Wir finden Lösungen. Da die Welt das ist, wofür wir sie halten, glauben wir manchmal, unsere Probleme wären ernster und schwerwiegender als die Probleme der anderen.

Wenn mich jedoch die letzten fünf Jahre, in denen ich »Frage und Antwort« vorgeführt habe, eins gelehrt haben, dann ist das die Erkenntnis, dass ausnahmslos jeder Mensch Bereiche in seinem Leben hat, die ihm Schwierigkeiten bereiten. Egal ob in Flensburg oder Oberammergau, ob in Aachen oder Cottbus – die Menschen im Publikum haben Lebensbereiche, in denen sie allein nicht weiterwissen.

Glücklicherweise sind die Probleme nicht immer existenzbedrohend – dennoch ist Vorsicht geboten: Ich weiß nicht, wie schwerwiegend meine Frage für den Fragesteller ist.

Denn auch hier gilt: »Ist doch nicht so schlimm« ist eine herablassende und vielleicht verletzende Antwort. Abgesehen davon ist diese Antwort meistens dumm und hilft überhaupt nicht. »Schaffe ich dieses Schuljahr?« kann für einen Schüler eine existenzielle Frage sein. »Soll ich die Küche blau oder grau streichen?« kann den Heimwerker in den Wahnsinn treiben.

Meine Erfahrung der letzten Jahre hat gezeigt, dass die meisten Fragen der Menschen sich in drei Themengebiete eingliedern lassen:

- Beziehungen und Liebe
- Gesundheit
- Geld

Wenn Sie eines dieser drei Themengebiete ansprechen, haben Sie eine sehr große Chance, das Interesse Ihres Gesprächspartners zu wecken. Wie Sie das machen und was Sie mit den Grundthemen noch anfangen können, werde ich Ihnen gleich zeigen.

Es gibt noch weitere Themen, die ebenfalls in jedem Leben zu irgendeinem Zeitpunkt eine Bedeutung haben:

- Träume und Ziele
- Beruf
- Weiterbildung
- Ortswechsel und Reisen

Diese Liste habe ich aus einem Skript von 1949 – und da waren die Themen schon nicht neu. Es würde mich nicht wundern, wenn bei der Pythia in Delphi bereits eine Liste mit diesen sieben Themen gehangen hätte. Ich bin mir sicher, bei jedem meiner Leser ist mindestens einer dieser Themenbereiche gerade nicht in Balance.

Die Tatsache, dass diese sieben Themen auf jeden Menschen anwendbar sind, verdeutlicht eine Grundwahrheit, die wir uns meines Erachtens zu selten ins Bewusstsein rufen: Wir Menschen haben viel mehr Gemeinsamkeiten als Unterschiede. Uns verbindet mehr, als uns trennt. Ich finde, das ist ein schöner Gedanke.

Zurück zu unserem Reading. Da die Menschen so viel gemeinsam haben, sind wir auf der sicheren Seite, wenn wir uns auf diese Themen konzentrieren und sie in einem Gespräch anreißen. Glauben Sie mir, Sie werden andere, interessantere Gespräche führen, in denen Sie viel mehr über Ihr Gegenüber erfahren.

Nehmen wir uns doch mal die ersten drei Themen vor und wenden auf sie unsere Strategie an: Angebot – Reaktion – Abschluss (oder Out).

Thema: Beziehungen

Angebot: »Sie haben die Erfahrung gemacht, dass es unklug sein kann, sich anderen gegenüber zu sehr anzuvertrauen.«

Reaktion: Körpersprache öffnet sich, Augen werden größer, Mund öffnet sich leicht – Sie haben einen Treffer gelandet. Achtung: Es kann auch sein, dass Ihr Gegenüber die Arme verschränkt, sich zurücklehnt, die Augen verengt und ungläubig den Kopf schüttelt. Beides kann bedeuten, dass Sie einen Treffer gelandet haben! Einmal wird das durch ungläubiges Erstaunen ausgedrückt, das andere Mal durch eher misstrauisches Taxieren. Der Moment und das Umfeld entscheiden über die Bedeutung!

Vertrauen Sie Ihrer Intuition, um die scheinbar widersprüchlichen Signale richtig zu deuten. Übung macht den Meister.

Abschluss 1 (Gegenüber stimmt zu): »Ihr Vertrauen in andere Menschen wurde bereits verletzt und ausgenutzt. Dinge, die Sie anderen anvertraut haben, wurden ausgeplaudert. Aus diesem Grund stehen Sie neuen Freundschaften eher skeptisch gegenüber. Vor allem, wenn es darum geht, sich anderen anzuvertrauen.«

Abschluss 2 (Gegenüber verneint): »Aus diesem Grund kann man sich Ihnen sehr gut anvertrauen und auch sehr persönliche Gespräche mit Ihnen führen. Sie wissen dieses Vertrauen zu würdigen, denn Vertrauen zu gewinnen und zu wahren ist Ihnen sehr wichtig.«

Merken Sie, wie wunderbar die Sätze fließen?

Egal, wie der andere reagiert, Sie halten sich an Ihren Plan und reden ganz sanft und schlüssig. Für den Start ist es hilfreich, diese Sätze gründlich zu lernen. Später, mit mehr Erfahrung, finden Sie automatisch die richtigen Worte – meist ohne zu wissen, wo diese gerade herkommen (Ihr Überbewusstsein übernimmt irgendwann).

Diese Methode ist ein sehr gutes Beispiel dafür, dass die Kommunikation der Absicht folgt. Dafür müssen Sie sich freilich vorher Ihre Absicht überlegt haben. Hier besteht Ihre Absicht darin, schnell eine gute und stabile Verbindung mit Ihrem Gegenüber herzustellen. Wäre Ihre Absicht einfach nur, den anderen zu beeindrucken und anzugeben, würde Ihr Gesprächspartner das voraussichtlich schnell erkennen und nach kurzer Zeit das Gespräch beenden.

Hier ein weiteres Beispiel für das Thema »Gesundheit«.

Da ich mich hier von Scharlatanen habe inspirieren und faszinieren lassen, aber in keinem Fall zu ihnen gehören will, rede ich nicht über körperliche und gesundheitliche Probleme.

Wer nicht gesund ist und einen Rat braucht, sollte sich nicht an einen Mentalisten wenden, sondern zum Arzt oder Psychologen gehen! Ich habe das Thema für mich entschärft, indem ich es auf Schwächen anwende. Die können körperlich oder geistig sein.

Schauen Sie selbst:

Jemand erzählt Ihnen in einem Gespräch von seinen Schwächen: Unpünktlichkeit, Unzuverlässigkeit oder Ungeduld.

Machen Sie Folgendes:

Angebot: »Sie haben vielleicht einige Schwächen – Sie sind aber meist in der Lage, sie auszugleichen.«

Abschluss 1 (Gegenüber stimmt zu): »Sie sind ein Überlebenskünstler und halten meistens etwas zurück. Ihnen ist es nur recht, dass andere Sie unterschätzen, Sie fühlen sich nicht wohl, wenn überzogene Erwartungen an Sie gestellt werden. Mit der Zeit haben Sie gelernt, das zu einer Stärke zu machen.«

Abschluss 2 (Gegenüber verneint): »Sie haben diese Schwächen reflektiert und daran gearbeitet. Sie geben darauf acht, dass Sie sich nicht zu sehr auf sie konzentrieren und dadurch produktivere und stärkere Eigenschaften ausblenden. Sie haben der Welt viel zu bieten, wenn Sie nur lernen, Ihre Stärken zu erkennen und zu nutzen. Sie können mehr, als Sie sich zutrauen.«

Schließen wir den ersten Themenblock ab und reden wir über Geld. Das ist immer ein Thema. Stellen Sie sich vor, ein Berater oder Verkäufer sitzt Ihnen gegenüber und sagt nach dem üblichen Small Talk den Satz:

»Ich habe den Eindruck, Geld war bei Ihnen in letzter Zeit ein Thema …«

Dieser Aussage können Sie doch nur zustimmen. Sie ist so unkonkret, dass sie auf jeden zutrifft. Was heißt, »es war ein Thema«? Der Satz kann so vielfältig interpretiert werden: Sie haben zu wenig Geld, Sie haben mit dem Partner über eine Anschaffung und deren Kosten gesprochen, Sie haben mit den Kindern über Taschengeld geredet, Sie haben plötzlich mehr Geld als erwartet und überlegen, wie Sie es anlegen. Und, und, und.

Solche Aussagen heißen unter Mentalisten »Barnum Statements«, benannt nach dem legendären Zirkusdirektor P. T. Barnum. Er hat durch seine legendären Reden vor dem Zirkus dafür gesorgt, dass die Menschen scharenweise die Show besucht haben. Seine Vorträge waren derart virtuos, dass sich nahezu jeder von ihnen angesprochen fühlte und massenhaft Tickets verkauft wurden. Aus diesem Grund heißen Sätze und Aussagen, die praktisch auf jeden zutreffen, Barnum Statements.

Zurück zu unseren Readings. Weitere Barnum Statements sind:

»Gesundheit ist ein wichtiges Thema für Sie.«

Auch hier: Was ist ein »Thema« und um wessen Gesundheit geht es?

Im Extremfall hat der Hund Karies, das ist auch ein Thema.

Sie wissen, was ich meine.

»Sie gehen nicht gern ein großes Risiko ein.«

Wie groß ist »groß«?

Außerdem können Sie bei einem »Nein« als Out nehmen:

»Aber Sie haben gelernt, Ihre Ängste und Bedenken zu analysieren, und das richtige Maß gefunden. Sie wissen aus Erfahrung: *No risk – no fun.*«

Ich habe für eine Sendung bei Markus Lanz einmal einen Text verfasst, der ausschließlich aus Barnum Statements und ein paar willkürlichen Details bestand. Der Text wurde vor der Sendung als tiefgehende Charakteranalyse an mehrere Gäste verteilt, nachdem ich mir von den Gästen das genaue Geburtsdatum und einen Umriss der linken Hand hatte geben lassen. In der Sendung wurden die Gäste gefragt, wie sehr die Analyse zutreffe. Alle waren komplett überzeugt. Eine Dame hat zu 100 Prozent zugestimmt und hat die Redaktion verdächtigt, vorab einen Detektiv beauftragt zu haben, der sie beschattet habe. Sonst könne sie sich nicht erklären, woher ich die Informationen haben sollte. Danach habe ich die Gäste gebeten, die Texte untereinander zu tauschen und zu lesen: Alle hatten exakt denselben Text ausgeteilt bekommen.

Ich gebe zu, wenn ich die Barnum Statements hier gedruckt lese, wird die Wirkung, die sie live erzielen, nicht deutlich. Da einige informierte Menschen die Methode der Barnum Statements inzwischen kennen, würde ich mich auch nicht nur auf sie verlassen und ich nutze sie nur selten. Dennoch kann ein solches Statement im richtigen Moment sehr hilfreich sein.

Ein Grund hierfür ist unsere selektive Wahrnehmung. Wir sehen nur das, was wir bereits wissen und was wir sehen wollen. Das heißt, wenn wir eine Analyse unserer Persönlichkeit bekommen, tendieren wir dazu, das herauszufiltern, was unseren Erwartungen und Erfahrungen entspricht. Den Rest blenden wir aus. Wie bei Kurzhoroskopen in der Tageszeitung.

Der zweite Punkt ist der Bestätigungsfehler. Wir sehen nur das, was unsere bereits vorhandene Sichtweise bestätigt. Auch hier interpretieren wir Aussagen so, dass sie unseren Erwartungen entsprechen. Wenn wir hören, dass wir sympathisch sind, dann werden wir dieser Aussage wahrscheinlich nicht widersprechen, weil das mit unserer Meinung über uns selbst übereinstimmt. Andere würden derselben Aussage über uns vielleicht nicht so wohlwollend beipflichten.

Wenn Sie vor 120 Jahren auf einem Jahrmarkt zu einer Hellseherin gegangen wären, die in einer Kristallkugel Ihre Sorgen erkannt und Ihnen die Zukunft vorhergesagt hätte, dann hätte diese Hellseherin vielleicht vorgefertigte Sätze und auswendig gelernte Barnum Statements benutzt. Es gab unter den Medien, Hellsehern und Wahrsagern tatsächlich die Tradition des »Spiels«. Das »Spiel« (das übrigens im Englischen ebenfalls »The Spiel« heißt) war ein Text, der nur von Mund zu Mund von einer Generation zur nächsten weitergegeben wurde. Das »Spiel« ist ein vorgefertigter und auswendig gelernter Text mit Barnum Statements, feststehenden Charakterisierungen und verschiedenen Outs. Er ist vage genug, um von den meisten Menschen als treffende Analyse akzeptiert zu werden, und klingt dabei doch sehr präzise.

Diese Texte heißen auch im Deutschen »Readings«. Auf die Gefahr, dass ich mich wiederhole: Diese Texte haben sehr gut funktioniert und sie tun es oft auch heute noch.

ERKENNE DICH SELBST – DIE WELT IST DAS, WOFÜR WIR SIE HALTEN

Vielleicht sind Sie jetzt der Meinung, dass Medien oder auch Kartenleger nur mit Cold Reading und Barnum Statements arbeiten. Das ist nicht der Fall. Die Methode ist nämlich viel tiefgründiger, als sie auf den ersten Blick erscheint. Es ist unbestritten, dass gerade in dieser Branche Scharlatane und Betrüger ihr Unwesen treiben. Dennoch gibt es auch einige Dinge, die wir uns von den vermeintlichen Wahrsagern abschauen können.

Das Geheimnis einer vermeintlich erfolgreichen Sitzung bei einem Kartenleger besteht meiner Meinung nach nämlich in zwei Punkten:

Der Klient einer Kartenlegerin hat zum einen ein Bedürfnis, mit dem er zu einer Sitzung erscheint. Er möchte Wissen, Hinweise, Anregungen oder Ideen bekommen, zu denen er ohne Hilfe keinen Zugang hat. Zum anderen wird aber eine Sitzung meiner Ansicht nach vom Klienten nur als erfolgreich wahrgenommen, wenn der Fragesteller selbst die Bedeutung dessen bestimmt, was die Kartenlegerin ihm erzählt. Wenn nicht die Kartenlegerin die Antwort gibt – sondern sie vielmehr den Klienten auf dessen eigener Suche nach der Antwort führt. Die Karten sind Gleichnisse, deren Sinn der Fragesteller für sich selbst festlegen muss.

Das zugrunde liegende Prinzip haben wir schon kennengelernt: »Die Welt ist das, wofür wir sie halten.« Wir glauben das, was wir glauben wollen. Diese und andere Methoden des Deutens – seien es nun

Karten, Sterne, Handlinien oder auch Kniescheiben – tragen zum »Erkenne dich selbst« bei (das mit den Kniescheiben gab es wirklich; im viktorianischen England hatte ein Metzger seinen Beruf satt, warf sein Schlachterbeil hin und spezialisierte sich darauf, fortan der reichen Gesellschaft aus den Kniescheiben zu lesen). Als Körperleser können wir daraus lernen, dass man sich wirklich in den anderen Menschen einfühlen muss, um seine Welt und damit seine Denkweise verstehen zu können.

Zum anderen haben wir Menschen leider die Tendenz, nur die Informationen bewusst wahrzunehmen und zu sammeln, die unsere eigene Sichtweise bestätigen: Es greift mal wieder der Bestätigungsfehler. Vielleicht wäre in vielen Fällen ein Psychotherapeut die bessere Wahl. Dennoch ist nicht zu verkennen, dass Karten und andere Orakelsysteme zur eigenen Bewusstwerdung inspirieren können – wenn man sie als das nimmt, was sie sind: ein Denkanstoß, eine Anregung, ein Appell ans Unterbewusstsein, aber keinesfalls eine unumstößliche Wahrheit. In diesen Fällen ist das Deuten der Karten vielmehr als geheimnisvolles spirituelles Abenteuer zu verstehen. Die Symbole laden dazu ein, seine eigenen unbewussten Strukturen kennen und deuten zu lernen – die Karten als Spiegel der Seele.

Vor einigen Jahren war ich mit meiner Familie auf einem Mittelaltermarkt. Wir sind nachts durch einen fackelerleuchteten Wald spaziert, in dem Händler ihre Waren anpriesen: Seife, handgefertigte Schmuckstücke und natürliche Öle. Inmitten der Lagerfeuer und Verkaufsbuden war ein kleines Zelt aufgebaut. Davor stand eine ältere Dame mit klugen und gütigen Augen. Oben am Zelt hing ein Schild: »Wahrsagerei«. Meine jüngste Tochter, sie muss damals sieben oder acht Jahre alt gewesen sein, fragte mich, was das zu bedeuten habe. Ich habe ihr kurz von einem Handlesefreund meines Vaters erzählt und wie er mir als Kind aus der Hand gelesen hat. Von Orakeln und der Kunst des Wahrsagens. Ich habe weiter geantwortet, dass die Frau vor dem Zelt ihr mithilfe von Karten und deren Symbolen Antworten auf Fragen geben könne. Und dass sie ihr über die Symbole auf den Karten Einblicke in ihren Charakter und damit in ihre Zukunft geben könne.

Meine Tochter war sofort fasziniert. Das musste sie unbedingt ausprobieren. Wir gingen also zu der Frau. Sie sah aus, wie man sich eine Wahrsagerin vorstellt: große grüne Augen, schwarzes, grau durchsetztes Haar, das größtenteils in ein rotes Kopftuch gehüllt war, Ohrringe mit Ornamenten und ein faltiges, kluges Gesicht. Auf dem Tisch vor ihr waren auf rotem Samt eine Reihe Tarotkarten ausgebreitet. Davor ein kleines Holzschild: »Ein Euro pro Frage«. Ich wollte an diesem Sommerabend kein Spielverderber sein und meinem Kind einen Vortrag über Readings und Scharlatane halten. Es hätte einfach nicht in diesen Wald und in diesen Abend gepasst. Außerdem war ich selbst neugierig. Also habe ich dem Wunsch meiner Tochter zugestimmt.

Sofort kam der Rest der Familie dazu. Was soll ich sagen? Am Ende haben wir alle eine Karte gewählt und die Kartenlegerin hat uns eine unglaubliche Erinnerung geschenkt. Von Cold Reading keine Spur. Sie hat wahres Interesse an den Kindern und auch an uns Erwachsenen gezeigt und uns die Bedeutung der Karten sehr gut erklärt. Danach war es an uns, die Karte und deren Symbolkraft auf unsere Situation und unser Leben zu übertragen. Es war eine der besten Coaching-Einheiten, die ich mir für meine Tochter in diesem Moment vorstellen konnte.

Die Wahrsagerin hat mir an diesem Sommerabend verdeutlicht, worauf es beim Lesen von Menschen wirklich ankommt: echtes Interesse am Gegenüber, Sympathie und den schnellen Aufbau einer Verbindung. Letztendlich war es zweitrangig, welche Karte gewählt wurde – jedes Symbol hat eine Bedeutung, die zur Reflektion und zu einer Erkenntnis beitragen kann. Wenn wir die Bereitschaft mitbringen. Das können wir wirklich von den Orakeln lernen: **Die wahre Voraussetzung zum Lesen der anderen ist echtes Interesse an ihnen.**

ICH VERSTEHE DICH – WAHRES INTERESSE ZEIGEN

Am Anfang dieses Kapitels habe ich beim Punkt »Sympathie« geschrieben, dass wir keinem festen Plan folgen sollten, um sympathisch zu wirken. Dieser Meinung bin ich nach wie vor. Meine Erfahrung zeigt, dass die oben genannten Sätze sehr gut funktionieren, wenn sie im richtigen Moment ausgesprochen werden. Als Körperleser sollten wir sie im Arsenal haben. Richtig gut werden wir aber erst, wenn wir – wie die Kartenlegerin auf dem Mittelaltermarkt – keine vorgefertigten und auswendig gelernten Sätze vortragen, sondern wahres Interesse an unserem Gegenüber zeigen. Wenn wir diese Absicht im Kopf haben, dann folgt ihr die Kommunikation entsprechend.

Die Absicht des Interesses kann sein, mit jemandem ins Gespräch zu kommen, eine Verhandlung zu führen oder ein Mitarbeitergespräch zu führen. Jetzt konzentrieren Sie sich wirklich auf Ihr Gegenüber und beobachten die Reaktionen auf Ihre Aussagen. Bei einem Mitarbeitergespräch oder auch beim Trösten Ihrer Kinder bei einer schlechten Schulnote kann der Satz: »Ich glaube, du hast wirklich viel gearbeitet« genau der richtige sein. Beim Mitarbeitergespräch passt vielleicht die abgewandelte Form: »Sie arbeiten sehr viel.« Im »Spiel« würde der Hellseher das sicher noch verfeinern: »Sie arbeiten mehr als andere.« Wer würde dem schon widersprechen? Den Satz sollten Sie aber nicht immer sagen, sondern nur, wenn Sie den Eindruck haben, dass er zu dem anderen passt.

Eine andere Formel ist der Vergleich Vergangenheit – Gegenwart – Zukunft. Probieren Sie es mal aus. Die Mehrheit der Menschen ist der Ansicht, dass die letzten zwölf Monate ein Auf und Ab waren und keine einfache Zeit. Im gegenwärtigen Augenblick stehen die meisten vor einer schwierigen Entscheidung und – so glauben sie – sobald die Entscheidung getroffen ist, wird die Zukunft besser.

Das ist eine sehr verlässliche Richtlinie. Die Mehrzahl der Fragen im Frage-und-Antwort-Akt handelt davon, dass der Fragesteller sich nicht entscheiden kann.

Die entsprechende Formulierung lernen Sie aber nicht Wort für Wort auswendig, sondern Sie haben sie im Hinterkopf und wenn Sie den Eindruck haben, bei Ihrem Gegenüber würde dieses Thema am besten zutreffen, dann wählen Sie es.

Nebenbei: Machen Sie dabei nie den Fehler, die letzten zwölf Monate positiv darzustellen und die kommenden Monate als Herausforderung. Das will niemand hören …

Auf den vergangenen Seiten haben wir eine Menge Merkmale kennengelernt, die für uns und unsere Mitmenschen jeden Tag von grundlegender Bedeutung sind. Wir wissen, wodurch wir das Interesse unserer Mitmenschen wecken können und welche Themengebiete für uns alle elementar sind.

Mit diesem Wissen und mit dem Wissen, wie sich eine offene und geschlossene Körperhaltung deuten lässt, können wir nun einen Schritt weiter gehen und unsere drei Bewusstseinsebenen mit ins Spiel bringen. Das macht nicht nur viel mehr Spaß als auswendig gelernte Texte über unseren Gesprächspartner zu gießen wie eine Soße, es ist auch viel treffender. Schließlich wollen wir uns ja wirklich auf unsere Mitmenschen konzentrieren, genau beobachten und aufmerksam sein. Wir wollen als Körperleser den anderen wirklich verstehen und in ihm lesen, was er uns mit Worten nicht sagt.

Wenn wir nur überlegen, welcher vorgefertigte Satz jetzt wohl am besten passen könnte, sind wir ja schon wieder viel zu sehr mit uns selbst beschäftigt, um auf den anderen zu achten. Das mag jetzt wie eine Kleinigkeit klingen, ich glaube aber, dass genau das einer der wahren Schlüssel für uns Körperleser ist. Die Energie folgt der Aufmerksamkeit und wenn ich meine Aufmerksamkeit nur mir widme und meine Umwelt und Mitmenschen mir dabei egal sind, dann hat das einen hohen Preis.

»Alle denken nur an sich – außer mir, ich denk an mich.« Was in meiner Jugend ein verbreiteter Graffiti-Spruch war, hat sich inzwischen leider zum Leitmotiv vieler Menschen entwickelt. Die Sachbuchregale sind voller Erfolgsliteratur und Ratgeber zur Selbstoptimierung. Ob das auf Kosten anderer geht oder nicht, spielt in den meisten dieser Bücher keine Rolle. Hauptsache, man selbst wird erfolgreich und glücklich. Das Paradoxe daran: Je mehr der Einzelne versucht, glücklich zu werden, desto unglücklicher wird die Gesellschaft. Wenn wir nur noch Nabelschau betreiben und uns in den Mittelpunkt stellen, werden wir keine tiefere Beziehung zu anderen Menschen aufbauen können.

Und, mal ganz abgesehen davon: Den eigenen Körper und die eigenen Gedanken zu lesen ist auf Dauer auch nicht so spannend.

5

DIE KRAFT DES AUGENBLICKS – SEI ANWESEND

Egal, wie anstrengend ein Tag war, am Abend, sobald ich die Bühne betrete, bin ich wach, konzentriert und auch gedanklich zu 100 Prozent anwesend. Im Scheinwerferlicht bin ich im »Hier und Jetzt«.

Das ist eine unabdingbare Voraussetzung für mich als Mentalist. Wie soll ich eine Verbindung zu anderen Menschen aufbauen und meine Zuschauer genau beobachten, wenn ich während der Show gedanklich im letzten Urlaub oder beim späteren Gin Tonic an der Bar bin?

Das ist der eine Aspekt. Der zweite besteht darin, dass unsere Mitmenschen besser Gedanken lesen können, als den meisten von uns bewusst ist. Mein Publikum beobachtet mich, interpretiert und erkennt sofort, ob ich bei der Sache bin oder nicht.

Wir wissen nicht, woher wir so etwas wissen, aber wir wissen es. Es liegt in unserer Intuition.

Damit beschäftigen wir uns in diesem Kapitel: Aufmerksamkeit, Konzentration und Intuition. Mit genügend Übung und Wissen kann es Ihnen irgendwann gelingen, die Handlungen Ihres Gegenübers zu interpretieren und intuitiv zu verstehen.

Durch Aufmerksamkeit und Konzentration auf eine Sache erwächst eine gewisse Zuversicht. Wenn wir uns einem Thema über einen gewissen Zeitraum konzentriert und aufmerksam widmen, bekommen wir Grundvertrauen in uns selbst. Wir vertrauen darauf, dass wir es meistern können. Wenn dieses Vertrauen fehlt, brauchen wir noch mehr Zeit. Sobald das Vertrauen in uns selbst jedoch da ist, das Gefühl, dass wir es meistern können, beginnen wir entsprechend zu handeln und das Gelernte in die Tat umzusetzen. Beim Handeln sollten wir uns stets daran erinnern, was unser Ziel ist. In unserem Fall das Lernen des Körperlesens. Dieses Ziel müssen wir aufmerksam und achtsam verfolgen – unsere Handlungen sind also auf unser Ziel ausgerichtet. Dann fokussieren wir unsere Aufmerksamkeit und konzentrieren unsere Energie auf unser Ziel. Der wahre Meister konzentriert sich, lässt währenddessen aber nicht außer Acht, was sonst noch wichtig ist. Wenn jemand unbedingt ein Ziel erreichen möchte, dabei aber seine Familie und Gesundheit verliert, hat er diesen Grundsatz missachtet. Er hat vielleicht sein Ziel erreicht – aber er hat dafür Opfer gebracht, die das Ziel nicht wert waren. Konzentration bedeutet also nicht Tunnelblick. Es bedeutet vielmehr eine lange Beschäftigung mit der Sache, ohne dabei den Blick nach rechts und links zu verlieren. Wenn wir dementsprechend handeln, bekommen wir zwangsläufig ein Verständnis für unser gewähltes Thema und meistern die Sache. Das wiederum festigt auch unsere Intuition. Kürzlich habe ich sehr viel Gitarre geübt und spielte meinem Lehrer ein recht anspruchsvolles Stück ganz passabel vor. Die Finger gingen wie von allein an die richtige Position und auch beim Improvisieren wusste ich einfach, was zu spielen war. Ich sagte ihm danach, dass ich genau dieses Stück lange geübt hatte. Er erwiderte lächelnd: »Es gibt beim Lernen eines Instruments kein Geheimnis.« Womit er sagen wollte: Wenn du aufmerksam und konzentriert übst, kannst du das Stück meistern.

So richtig gut werden wir in einer Sache erst dann, wenn wir nicht mehr nachdenken müssen, während wir handeln. Ein Tänzer weiß irgendwann intuitiv, wann er welche Schritte macht und welche Pose er einnimmt. Der Sternekoch weiß zu irgendeinem Zeitpunkt intuitiv, welches Gewürz in welcher Menge fehlt. Und der Körperleser weiß irgendwann intuitiv, was sein Gegenüber im Hier und Jetzt wirklich sagt.

Was ist eigentlich dieses Hier und Jetzt? Sollte es nicht genügen, nur »hier« oder nur »jetzt« zu sagen? Offensichtlich drückt der Volksmund mit der Formulierung »hier *und* jetzt« etwas aus, was wir intuitiv spüren, aber was uns nicht bewusst ist. Wir können nämlich meiner Meinung nach sehr wohl *hier* sein, dabei aber nicht im *Jetzt.* Jeder, der mit seinen Kindern einmal Hausaufgaben gemacht hat, wird mir zustimmen.

Das Hier ist klar, es ist der Ort, an dem wir uns befinden. Und das Jetzt? Das Jetzt ist der Moment, in dem wir uns in Gedanken gerade befinden. Das ist die beste Definition, die ich kenne.

Damit ist das Jetzt der Bereich unserer momentanen Aufmerksamkeit. Im Zen-Buddhismus gibt es eine Geschichte, die das schön auf den Punkt bringt:

Ein Schüler fragt seinen Zen-Meister, wie dieser es schaffe, immer ruhig und gefasst zu sein. Der Meister antwortet: »Wenn ich sitze, dann sitze ich. Wenn ich stehe, dann stehe ich. Wenn ich gehe, dann gehe ich.«

Der Schüler erwidert, dass er das doch auch so mache, woraufhin der Meister sagt: »Nein. Wenn du sitzt, dann stehst du schon. Wenn du stehst, dann gehst du schon und wenn du gehst, dann bist du schon am Ziel.«

Schlauer Meister.

Dieses gehetzte Gefühl, immer einen Schritt weiter sein zu *müssen,* gehört derzeit ja fast schon zum guten Ton. Wenn Sie einen Bekannten treffen und sagen: »Ich habe gerade alle Zeit der Welt«, denkt dieser vermutlich, irgendwas in Ihrem Leben stimmt nicht. Wahrscheinlich hat er viel mehr Verständnis, wenn Sie knapp angebunden sind und schnell weitermüssen. Ich habe den Eindruck, die meisten Menschen halten es derzeit für eine große Errungenschaft, ständig gerade von irgendwoher zu kommen und sofort auch noch irgendwohin zu müssen. Der Philosoph Ralf Konersmann sagte in einem Interview mit dem *SZ Magazin* dazu: »Wenn ich zu einem Nachbarn oder Freund sage ›Ich muss los‹, werde ich sofort verstanden, weil wir alle Leute sind, die demnächst losmüssen.«

Hier zu sein und gleichzeitig im Jetzt ist eine seltene Kunst geworden. Ein guter Körperleser sollte sie für sich entdecken. Denn gut beobachten können wir nur, wenn wir uns auf unser Gegenüber einlassen. In genau dem Moment, in dem wir uns gerade befinden. Je mehr wir unsere Aufmerksamkeit in die Vergangenheit oder in die Zukunft richten, desto mehr ziehen wir sie von der Gegenwart ab. Verstehen Sie mich bitte richtig: Es kann sehr sinnvoll sein, zur Erholung an den letzten Urlaub zu denken oder an das leckere Spaghettieis, mit dem wir uns nach getaner Arbeit belohnen werden. Wenn Ihnen Spaghettieis nicht schmeckt, dann belohnen Sie sich halt mit einem Whiskey (natürlich Single Malt).

All diese vergangenheits- oder zukunftsgerichteten Gedanken bringen uns aber überhaupt nicht weiter, wenn wir einen anderen Menschen lesen wollen. Denn es ist das Hier und Jetzt, in dem die wichtigen Dinge geschehen, in dem Menschen agieren und Gespräche stattfinden. Und ab jetzt wissen wir: Das ist für uns dort, wo wir uns gedanklich am stärksten zentrieren.

Neben dem Körperlesen hat dieses Zentrieren und Konzentrieren auch starke Auswirkungen auf unser restliches Leben. Wenn wir mit Wut an einen Moment in der Vergangenheit oder mit Angst und Zweifel an die Zukunft denken, nehmen wir uns die Möglichkeit, den gegenwärtigen Moment zu genießen. Oder auch eine unangenehme Sache schnell zu erledigen.

Wenn ich früher mit meinem Sohn Hausaufgaben machte, war das meist eine Übung im Stoizismus. Für mich. Allein bis es losging, musste ich mir eine Litanei von Beschwerden anhören. Die Hausaufgaben seien nicht nur viel zu viel, sondern sowieso unnötig und auch viel zu schwer und so weiter. Dann wurde ein Satz geschrieben und danach hat mein Sohn sich darauf beschränkt, einfach nur dazusitzen und sich von allem ablenken zu lassen, was Sie sich nur vorstellen können. Er hat verträumt aus dem Fenster geschaut, hatte Durst, Hunger, musste auf die Toilette, dann war es zu heiß oder zu kalt und immer so weiter. Als Anfänger bin ich in die übliche Falle getappt. Ich habe die beiden unsinnigsten Wörter für diesen Moment ausgesprochen: »Konzentrier dich!«. Genau wie bei dem Blödsinnssatz »Beruhig dich« hat sich meines Wissens noch nie ein Mensch konzentriert, wenn man ihn dazu aufgefordert hat! Dabei ist mein Sohn wirklich nicht unbegabt darin, sich zu konzentrieren. Bei Videospielen oder auf YouTube kann er das stundenlang. Auch wenn seine Freundin zu Besuch ist, ist er hoch konzentriert und ganz bei ihr. Es muss bei den Hausaufgaben also an etwas anderem liegen …

Wie sehr gelingt es Ihnen, Ihre Aufmerksamkeit in der Gegenwart zu halten? Wenn Sie bemerken, dass Sie gedanklich abschweifen, habe ich eine tolle Übung für Sie:

Egal, wo Sie gerade sind, konzentrieren Sie sich auf Ihr aktuelles Umfeld. Achten Sie auf die Farben in Ihrer Umgebung. Wie hell oder dunkel ist es? Wie ist das Licht? Achten Sie auf die Möbel oder die Natur. Lenken Sie Ihre Aufmerksamkeit auf alles, was gerade Linien hat oder runde Formen.

Konzentrieren Sie sich auf die Geräusche. Dann konzentrieren Sie sich auf sich selbst. Wie sitzen oder stehen Sie? Wie fühlt sich die Kleidung auf Ihrem Körper an? Wie geht Ihr Atem? Reißen Sie sich los von allem, was Sie gerade gedanklich beschäftigt und kommen Sie zurück in den gegenwärtigen Augenblick.

Je mehr Sinne Sie einsetzen, desto sinnvoller wird die Übung und leichter wird es Ihnen fallen, sich in den augenblicklichen Moment hineinzufühlen.

Das ist auch eine sehr gute Übung, wenn Sie sich auf einen anderen Menschen konzentrieren möchten: Achten Sie auf Details. Wie sehen die Hemdknöpfe aus? Wie ist die Frisur? Welche Art Schmuck trägt Ihr Gegenüber? Wie sind die Schuhe gebunden? Welche Farbe haben die Augen? Welche Form die Lippen? Wie sieht die Rückseite der Hände aus?

Wie Theodor Fontane schon sagte: »Der Zauber steckt im Detail.«

Dieser vollkommene Fokus auf eine Person oder Sache ist nichts Magisch-Mystisches. Sie müssen es auch nicht üben. Sie können es schon! Es ist nichts anderes als Konzentration. Und da gilt, je mehr wir uns auf eine Sache konzentrieren, desto weniger bekommen wir vom Rest um uns herum mit. Wenn Sie vollkommen gebannt einem Menschen zuhören, einen Film schauen oder in ein Buch eintauchen und den Rest um sich herum vollkommen ausblenden, erleben Sie die Macht der Konzentration. Aber warum klappt das bei einem Film so spielerisch und bei der Steuererklärung überhaupt nicht?

Es liegt am Interesse. Zumindest, wenn Sie kein Steuerberater sind. Je interessanter eine Sache für uns ist, desto leichter und stärker können wir uns darauf konzentrieren. Umgekehrt gilt das auch. Je langweiliger etwas ist und je weniger wir eine Sache mögen, desto mühevoller ist für uns die Konzentration darauf. Deshalb ist es für meinen Sohn kinderleicht, sich auf ein Videospiel zu konzentrieren, aber nahezu unmöglich, ohne Klagen die Mathehausaufgaben zu machen.

Hier kommt wieder das Interesse ins Spiel, denn wir konzentrieren uns am stärksten auf das, was für uns von Interesse ist. Dann fällt die Konzentration kinderleicht und hält lange an. Also gilt auch hier: Wenn Sie wirklich erkennen möchten, was ein anderer Mensch denkt und fühlt, dann zeigen Sie echtes Interesse an diesem Menschen. Falls der betreffende Mensch Sie tatsächlich so gar nicht interessiert, gilt: *Fake it till you make it!* Geben Sie Interesse vor, unterhalten Sie sich, schauen Sie genau hin und machen Sie, was Sie bei den Übungen in diesem Buch gelernt haben. Je mehr wir über eine Person wissen, desto interessanter wird sie für uns.

Es gibt aber noch einen weiteren Trick, die Konzentration zu halten. Je größer der Bereich ist, dem Sie Ihre Aufmerksamkeit schenken können, desto leichter ist es für uns, sich darauf zu konzentrieren.

Für den Selbstversuch können Sie einmal ein Bild eines Menschen aus dem Internet ausdrucken und es eine Minute lang aufmerksam betrachten. Stellen Sie hierzu den Timer in Ihrem Smartphone auf eine Minute und legen Sie los. Danach picken Sie sich ein Detail aus dem Bild heraus und konzentrieren sich eine Minute lang nur auf dieses Detail. Sie werden die Erfahrung machen, dass es Ihnen leichtfällt, sich auf das ganze Bild zu konzentrieren, dass Ihnen aber der Fokus auf ein winziges Detail im Gegensatz dazu viel schwerer fällt.

Wenn Sie also merken, dass Sie sich nicht mehr richtig auf Ihr Gegenüber konzentrieren können und in Gedanken abschweifen, dann ist es gut möglich, dass Sie sich zu sehr auf ein Detail fokussieren.

Als Gegenmaßnahme können Sie die Konzentration von dort lösen, wo sie gerade festhängt, und sie auf das größere Bild richten. Konzentrieren Sie sich nicht nur auf ein Detail, sondern abwechselnd auf mehrere. Beim Körperlesen ist das sowieso eine gute Idee.

Wie habe ich nun meinen Sohn dazu gebracht, seine Mathe-Hausaufgaben zu erledigen? Ganz einfach: mit Vertrauen, Achtsamkeit und Konzentration. Wenn er zu sehr ins Träumen geraten ist, habe ich seine Konzentration in den gegenwärtigen Moment zurückgeholt. Ich habe die hier vorgestellten Übungen mit ihm gemacht. Mal sollte er sich kurz auf alle geraden Linien im Raum konzentrieren, mal auf alles, was grün ist, und so weiter. Wir haben auch mal eine Pause gemacht und ein YouTube-Video geschaut oder eine Tafel Schokolade gegessen. Aber auch hier: Konzentration bei gleichzeitiger Beachtung von allem, was wichtig ist. Also auch die Hausaufgaben, auf die ich dann immer wieder zurückgekommen bin. Natürlich hat es manchmal lange gedauert. Und es hat jede Menge Geduld von uns beiden gefordert – aber es hat funktioniert.

WENN INTUITION UND VERSTAND MITEINANDER TANZEN – ECHTE VERBINDUNGEN AUFBAUEN

Im letzten Kapitel habe ich Ihnen den Tipp gegeben, dass Sie Ihrem Gegenüber Ihre Aufmerksamkeit schenken und dann überlegen sollen, welcher Satz sich gut für ein Reading eignen könnte. Als Einstieg haben wir einige Sätze gelernt und deren Struktur und Psychologie analysiert. Sobald Sie diese Struktur und Psychologie verinnerlicht haben, werden Ihnen die richtigen Sätze ganz von allein einfallen.

Sie übergeben an Ihre Intuition.

Erinnern Sie sich noch an unsere Kutsche mit den Pferden und dem Reiter? Dort habe ich die These aufgestellt, dass die Hauptfunktion unseres Unterbewusstseins in der Erinnerung besteht. Unser Unterbewusstsein kann sich also an jede Situation und an jede Begegnung erinnern. Es redet mit unserem Bewusstsein über Emotionen, Bilder und Worte. Da unser Bewusstsein aber logisch denkt und diese Emotionen, Bilder oder Worte manchmal nicht versteht, hält es die Signale des Unterbewusstseins in solchen Momenten für unlogisch, unbegründet oder auch irrational. Sie sind ja auch in den meisten Fällen nicht vernunftgesteuert und kommen aus einer vergangenen Erfahrung heraus, die wir in vielen Fällen schon vergessen haben (zumindest unser Bewusstsein). Das ist auch der Grund, warum uns manche Menschen auf den ersten Blick vielleicht besonders sympathisch oder unsympathisch sind. Vielleicht denkt Ihr Unterbewusstsein in solchen Momenten: »Sie erinnert mich an meine beste Freundin aus dem Kindergarten – die mag ich.« Oder aber: »So eine Stimme hatte der Typ, der mir vor vielen Jahren mal die Freundin ausgespannt hat – den mag ich nicht.«

Die Signale kommen nicht ohne Grund. Sie fußen aber auf einer Erfahrung aus der Vergangenheit. Also sollten wir auch hier prüfen, ob sich in der Zwischenzeit die Welt geändert hat und unsere Erfahrung vielleicht überholt ist. Einfach wegwischen sollten wir die Signale nicht.

Für unsere Readings können wir sie ebenfalls nutzen. Liegen wir richtig, landen wir viele Treffer. Falls nicht, haben wir unsere Outs.

Es geht aber nicht um Treffer oder Outs!

Es geht um echtes Verständnis und den Aufbau einer echten Verbindung.

Bei dem Zauberer Juan Tamariz haben wir das Bild mit den Fäden kennengelernt. Als Körperleser nutzen wir dieses Bild jetzt noch mal und erweitern es.

Stellen Sie sich zum Aufbau einer Verbindung wieder einen Faden zwischen Ihnen und Ihrem Gesprächspartner vor. Wenn Sie mit mehreren Menschen reden, dann senden Sie jedem einen solchen Aufmerksamkeitsfaden. Durch Ihre Aufmerksamkeit werden die Fäden aktiviert. Dadurch stellen Sie sich auf den anderen ein.

Wie ein Radio, das auf einen speziellen Sender eingestellt ist, oder ein Computer, der sich mit einem speziellen WLAN verbindet. Das Radio und der Computer empfangen nur die Frequenzen, auf die sie eingestellt sind. Genauso empfangen Sie als Körperleser nur die Signale, auf die Sie Ihre Aufmerksamkeit richten und die Sie kennen.

So ist es auch mit unserer Wahrnehmung und der resultierenden Intuition: Wir sehen nur, worauf wir uns einstellen. Die Einstellung erfolgt durch unsere Aufmerksamkeit und Konzentration.

Der Grundsatz »Kommunikation findet im Hier und Jetzt statt« hat hier besondere Bedeutung. Sie können sich nicht auf die Vergangenheit oder Zukunft einstellen. Der einzige Moment, in dem Sie intuitiv beobachten können, ist jetzt.

FRAG DOCH EIN ORAKEL! – UNSER UNTERBEWUSSTSEIN WEISS, WAS WIR WOLLEN

Die häufigsten Fragen, die mir in Seminaren oder im Frage-und-Antwort-Akt gestellt werden, sind »Entweder … oder«-Fragen. Bei dieser Sorte geht es darum, dass der Fragesteller zwei Optionen hat.

Ein Beispiel ist: »Soll ich in München oder Hamburg studieren?«. Entweder München oder Hamburg. Aber auch die Frage »Soll ich mir die Haare färben oder nicht?« fällt in die Kategorie. Entweder eine neue Farbe oder die alte. Sie verstehen schon.

Mein Tipp wird zu Beginn meist belächelt, dabei meine ich ihn völlig ernst. Er lautet: Wirf eine Münze!

Denn wenn der Fragesteller sich nicht entscheiden kann, dann hat er sich bereits entschieden. Sein Bewusstsein kommt mit Logik nicht weiter und hat entschieden, sich nicht zu entscheiden. Ich weiß aus eigener Erfahrung, das kann einen in den Wahnsinn treiben.

Vor einigen Jahren kam ich nach mehreren Tagen auf Tour nach Hause. Am Esstisch saß meine älteste Tochter. Ich merkte sofort, dass etwas nicht stimmte. Normalerweise ist sie locker und lacht viel. An diesem Nachmittag war sie verschlossen und hatte die Stirn in Falten gelegt. Der Blick ging in die Ferne und sie war geistig abwesend. Als ich sie fragte, ob ich etwas für sie tun könne, sagte sie: »Ich muss diesen Zettel hier morgen abgeben. Da muss ich eintragen, für welche dritte Fremdsprache ich mich entscheide. Ich habe die Wahl zwischen Französisch und Griechisch und weiß nicht, was ich ankreuzen soll.«

Ich war befangen. Schließlich ist Französisch für mich eine der schönsten Sprachen der Welt und ich habe sehr viel Zeit damit verbracht, sie zu lernen. Das weiß meine Tochter aber ohnehin, das brauchte ich ihr nicht noch einmal extra zu sagen. Ich habe es mir daher verkniffen, es erneut zu erwähnen (genau wie den Satz: »Das ist doch nicht so schlimm.«). Stattdessen machte ich ihr einen Vorschlag: »Wenn du dich nicht entscheiden kannst, dann mach doch etwas, was die Menschen schon immer getan haben. Staatenlenker, Philosophen und Feldherren haben es gemacht. Dann kannst du das auch: Frag ein Orakel.«

Meine Tochter schaute mich an, als wäre ich völlig durchgedreht. Dabei war der Vorschlag vollkommen ernst gemeint. Das erklärte ich in etwa so: »Wenn du eine Münze wirfst, dann machst du letztendlich nichts anderes. Es gibt sogar die Theorie, dass du unbewusst genau so wirfst, dass die für dich richtige Seite oben landet. Also, wir machen das jetzt einfach mal. Ich werfe diese Münze hier. Wenn Kopf rauskommt, nimmst du Französisch, bei Zahl wählst du Griechisch.«

Ich wollte gerade werfen, da unterbrach mich meine Tochter vehement: »Halt! Mach das nicht!«

»Warum denn nicht?«

»Was mache ich denn, wenn da Französisch rauskommt?!?«

Dieser Nachmittag hat mir gezeigt, dass wir manchmal genau wissen, wie wir uns entscheiden sollten (und wollen). Unser Unterbewusstsein weiß Bescheid. Nur unser Bewusstsein hat es noch nicht geblickt.

Daher hier mein Tipp und ein zusätzliches nützliches Geheimnis:

Wenn Sie sich nicht entscheiden können, werfen Sie eine Münze. Bislang konnte mich noch niemand überzeugen, dass eine Entscheidung, die auf einem Münzwurf beruht, schlechter ist als eine, die aufgrund von Termindruck oder mit flauem Magen gefällt wurde. Ganz im Ernst. Werfen Sie! Soweit der Tipp.

Jetzt das Geheimnis: Wenn Ihnen das Ergebnis gefällt, dann fangen Sie an, die Entscheidung umzusetzen. Am besten sofort. Handeln Sie mit Zuversicht und Selbstvertrauen und erwarten Sie ein gutes Resultat. Falls Ihnen das Ergebnis des Münzorakels aber nicht gefällt, dann ist das ein wichtiges intuitives Signal. Das sollten Sie nicht ignorieren. Außerdem sollten wir uns wichtige Entscheidungen niemals von Münzen, Karten oder anderen Orakeln abnehmen lassen. Das alles sind Hilfen. Wir sind der Chef. Falls Ihnen also das Ergebnis der Münze nicht zusagt, dann machen Sie sich bewusst, dass die Antwort auch nur ein Vorschlag ist. In dem Fall drehen Sie die Münze einfach um und machen, was Sie wollen!

Das Umdrehen der Münze ist ein wichtiges Detail. Mit der Aktion zeigen Sie Ihrem Unterbewusstsein und Ihrer Intuition, was Sie wirklich wollen. So lernen die beiden das neue Muster und akzeptieren Ihre Entscheidung viel leichter.

6

KOMMUNIKATION MIT HERZ – SEI LIEBEVOLL

Das Schönste, was wir im Miteinander erleben können, ist Anerkennung. Sie erzeugt automatisch ein Gefühl von Harmonie und Zusammengehörigkeit. Damit ist sie auch eines der besten Mittel, um Verbundenheit herzustellen.

Körpersprachlich äußert sich Anerkennung praktisch immer im Öffnen. Im Gesicht bewegen sich die Muskeln nach oben und formen ein Lächeln, der Kopf nickt. Dabei zeigt der restliche Körper offene Gesten.

In manchen Fällen gehen allerdings die Mundwinkel anerkennend nach unten und der zusammengepresste Mund beschreibt einen nach unten geöffneten Halbkreis. Dabei nicken wir ebenfalls. Diese Geste sagt eher: »Volle Anerkennung – das hätte ich dir gar nicht zugetraut.« Wenn wir uns schnell verbinden wollen, sollten wir von dieser Geste rasch in die offenen Gesten wechseln und den anderen anlächeln.

Nehmen wir mal an, wir sehen unserem Gegenüber an, dass es sich nicht wohlfühlt.

Wie reagiere ich darauf? Was kann ich tun?

Beobachten ist ja nur sinnvoll, wenn ich aus dem, was ich beobachte, die entsprechenden Konsequenzen ableite. Da unser Ziel immer darin besteht, Harmonie herzustellen, widmen wir uns diesem Thema in diesem Abschnitt.

Welche Methoden können wir anwenden, um körpersprachlich (und auch verbal) Akzeptanz und Wertschätzung auszudrücken und auch bei Kritik dafür zu sorgen, dass unser Gegenüber uns richtig versteht?

»DIESER SATZ EXISTIERT NUR, WENN DU IHN LIEST« – DER WERT DER VERBUNDENHEIT

Ich glaube, es gibt keine andere Kunstrichtung, die so sehr für ein Publikum gemacht ist wie die Magie und ganz besonders das Gedankenlesen. Schließlich zeigen wir unsere Kunst, um in den Köpfen der Zuschauer für Illusionen zu sorgen. Ohne Zuschauer keine Illusion. Es ist ähnlich wie bei dem Beispiel:

»Dieser Satz existiert nur, wenn du ihn liest.«

Wenn ich Gitarre spiele, kann ich das ganz für mich allein machen und mich trotzdem komplett in der Musik verlieren. Wenn ein Maler oder auch ein Bildhauer ein Kunstwerk schafft, dann kann er das ganz allein in seinem Atelier machen. Ein Schauspieler auf der Bühne kann mit seinen Kollegen selbst dann gemeinsam in eine andere Welt abtauchen, wenn kein Mensch zuschaut. Und auch als Buchautor sitze ich gerade ganz allein an meinem Schreibtisch in München und genieße die Ruhe und Einsamkeit beim Schreiben. Gerade hier hilft mir das Alleinsein, um meine Gedanken zu sortieren und die einzelnen Formulierungen mit Bedacht zu Papier zu bringen. Selbst ein Comedian kann sich – wenn die Gags es hergeben – über seine eigenen Pointen amüsieren.

Aber ein Zauberkünstler oder Gedankenleser?

Es ist hier einfach unmöglich, ohne Mitspieler einen Trick zu zeigen und sich damit selbst zu verblüffen. Ich stand noch nie allein in einem Raum, habe mir einen Trick gezeigt und mich danach selbst gefragt: »Wow, wie habe ich das denn jetzt gemacht?« Es geht nicht. Meine Kunst braucht das Miteinander.

Verbundenheit ist einer der wichtigsten Werte meiner geheimen Kunst. Ohne Miteinander geht gar nichts. Genau hier liegt auch eines der großen Missverständnisse dieser Kunstgattung. Viele Zuschauer fühlen sich nämlich derart provoziert, dass sie nicht mit dem Mentalisten arbeiten, sondern gegen ihn. Es ist hierbei freilich meine Aufgabe, also die des Künstlers, die richtige Stimmung zu schaffen und das Publikum auf meine Seite zu bringen. Das Ziel besteht ja eben darin, dass mein Publikum mit mir für die Zeit des Auftritts in eine andere Welt eintaucht. Eine Welt, in der es keine Grenzen gibt, in der viel mehr möglich ist als in unserem Alltag. Eine Welt, in der ich weiß, was meine Mitmenschen denken. Für dieses zeitweise Ausräumen des Zweifels gibt es sogar einen englischen Fachausdruck: *the suspension of disbelief*. Es geht also in erster Linie darum, das Publikum derart gut zu unterhalten, dass es seinen Unglauben für die Dauer meines Auftritts aussetzt. Nach der Vorführung oder auch dem Vortrag sollen meine Zuschauer neugieriger sein und inspiriert ihre Umwelt neu wahrnehmen. Wenn ich das schaffe, erleben wir alle miteinander etwas wahrlich Wundervolles, einen Moment, in dem ich als Vorführender ein Katalysator bin und die Vorführung mein Publikum verändert zurücklässt. Vielleicht sogar mit neuem Blick auf die Welt, ermutigt, Neues zu wagen und sich zielführende Fragen zu stellen.

Das kann aber nur gelingen, wenn ich keinen Wettstreit beginne. Sobald das Publikum nur wissen will, wie das, was ich da mache, funktioniert, sitzt es nicht mehr mit mir in einem Boot. Ab dem Moment kann ich kein Wir-Gefühl mehr erzeugen. Nein, ab dann wird es eine »Wir gegen den«-Konfrontation. Und die zerstört jede Inspiration.

Konfrontationen sorgen immer für Anspannung. Sobald wir etwas nicht akzeptieren, spannen wir an. Anspannung, egal ob körperlich oder mental, sorgt immer für Stress. Und Stress führt zu Angst, Zweifel oder Unsicherheit.

Angst, Unsicherheit, Zweifel und Stress: Das sind die vier großen Hindernisse auf dem Weg zur Verbundenheit. Ein Gefühl der Verbundenheit kann nur in dem Maße wachsen, in dem sie abnehmen. Sie sorgen in unseren Gedanken für Voreingenommenheit. Wir beginnen zu urteilen. Und die Verbundenheit nimmt in dem Maße ab, in dem das Urteilen zunimmt!

Die folgenden Methoden haben zum Ziel, Ihnen Möglichkeiten aufzuzeigen, angemessen auf das zu reagieren, was Sie in anderen Menschen lesen, und dynamische Harmonie herzustellen. Denn Körperlesen ist ja nur der erste Schritt. Der zweite und genauso wichtige Schritt besteht meines Erachtens darin, auf das, was wir lesen, entsprechend zu reagieren. Angenommen, Sie sind in einem Streitgespräch und Ihre gewohnheitsmäßige Reaktion besteht darin, sauer zu reagieren und sich körperlich (und auch geistig) zu verschließen. Dann sollten Sie sich fragen, ob diese Reaktion in dem Moment erfolgte, weil Sie in solchen Momenten schon immer so gehandelt haben oder weil sie angemessen ist. Wäre es vielleicht in der Situation vernünftiger gewesen, sich zu öffnen? Hier folgen ein paar Hilfsmittel und Methoden, die unseren Spielraum diesbezüglich erheblich erweitern können.

DAS HERSTELLEN VON VERBUNDENHEIT IST DAS UNTERLASSEN VON KRITIK

Wann fühlen wir uns wirklich wohl in unserer Haut?

Sie ahnen meinen Vorschlag vielleicht schon: Wenn wir frei sind von Angst, Wut und Zweifel. Aus diesen drei Gefühlen wachsen

Unsicherheit und Unwohlsein. Diese drei verleiten uns, zu kritisieren. Dadurch entsteht eine unharmonische Atmosphäre. Kritik killt jede gute Beziehung – Wertschätzung und Anerkennung baut sie auf. Lob schlägt Kritik. Das bedeutet natürlich nicht, dass wir uns jetzt alle lieb haben müssen und dass wir uns vorgaukeln sollen, es gäbe keine Probleme. Das wäre nicht realistisch. Vielmehr geht es darum, dass wir immer die Wahl haben, wie wir mit dem umgehen, was uns passiert. Um Verbundenheit herzustellen, reicht es fast immer, Anerkennung zu zeigen und zu loben. Wenn ich also vor ein Publikum trete und Verbundenheit herstellen möchte, ist es durchaus sinnvoll, meinen Zuschauern zu sagen, dass ich mich auf die Zeit mit ihnen freue und dass wir einen tollen Abend miteinander verbringen werden. Diese Worte sind keine leeren Floskeln. Da die Energie der Aufmerksamkeit folgt, verstärke ich die guten Gefühle im Publikum und sie nehmen zu. Wenn ich kritisiere, verstärke ich das Unangenehme und es wächst ebenfalls.

Das gilt übrigens bei Weitem nicht nur für die Bühne. Gerade im Berufsleben und ganz speziell bei Partnerschaften ist das Prinzip, das Urteilen zu reduzieren und im selben Maße die Anerkennung zu erhöhen, ein unterschätztes Geheimnis.

Ich wähle nicht ohne Grund das Wort Anerkennung und nicht das Wort Lob. Denn ein Lob kann in einigen Momenten auch falsch verstanden werden. Wenn der Vorgesetzte den Untergebenen lobt, schwingt da oft das Machtverhältnis mit. Und wenn der Angestellte den Chef lobt, kann das schnell schleimig rüberkommen. Das meine ich hier nicht. Ich meine nur die Anerkennung. Die können wir übrigens auch rein gedanklich äußern, wenn sie uns verbal nicht angemessen erscheint. Da es keine Grenzen zwischen unseren Gedanken und unserer Körpersprache gibt, wird der Körper das gedachte Lob richtig ausdrücken, ohne Herablassung oder Schleimerei.

Eine Beziehung, die aufgrund von zu viel Kritik bröckelt, kann neu belebt werden und sehr viel harmonischer werden, wenn die Kritik abgestellt und durch Anerkennung ersetzt wird. Schließlich haben Sie Ihren Partner ja nicht ohne Grund gewählt. Da wird es schon etwas geben, was Ihnen gefällt und was Sie anerkennen können. Denken Sie daran: Die Energie folgt der Aufmerksamkeit. Natürlich sollte das nicht einseitig sein, sondern es sollten sich beide Partner daran beteiligen. Ganz besonders hier: Da wir unsere Gedanken auch körpersprachlich äußern, sollten wir auf unsere Gedanken dem anderen gegenüber achten. Wie gesagt, auch eine gedankliche Anerkennung oder ein Gedanke der Hochachtung kann große Wirkung zeigen. In einigen Fällen ist ein gedankliches Lob oder eine gedankliche Liebeserklärung sogar angebrachter. Der Partner kann es nämlich nicht falsch auffassen oder widersprechen. Probieren Sie es mal, Sie werden sich wundern. Das funktioniert auch bei Kindern hervorragend: Anerkennung sorgt dafür, dass meine Kinder sich besser fühlen, Kritik und Missachtung sorgt für das Gegenteil. Auch auf die Gefahr hin, das Offensichtliche zu betonen – wir haben manchmal die Tendenz, das zu vergessen.

Jetzt verrate ich Ihnen ein weiteres Geheimnis zum Herstellen von Verbundenheit. Es ist eines meiner wichtigsten Hilfsmittel für gelungene Vorführungen: Vor jedem Auftritt, noch in meiner Garderobe, begrüße ich mein Publikum gedanklich und sage allen Zuschauern in Gedanken, dass ich sie schätze und mich auf den gemeinsamen Abend freue.

Ich gebe zu, das hört sich wirklich seltsam an. Aber es klappt, seither werde ich ganz anders begrüßt. Mein Publikum spürt sofort, dass ich mit ihm verbunden bin. Und das klappt auch vor wichtigen mündlichen Prüfungen, Verhandlungen oder Präsentationen.

Übrigens sollten wir das unreflektierte Kritisieren schon aus reinem Selbstzweck unterlassen. Denn bei jeder Form von Kritik an unserem Gegenüber kritisieren wir auch uns selbst. Ob wir über das Wetter schimpfen, den Idioten im Auto vor uns, den Blödmann im Supermarkt, der an der Kasse so lange sein Kleingeld zählt – egal, unser Unterbewusstsein nimmt jeden Gedanken persönlich. Und das hat körperliche Auswirkungen. Wir verspannen und fühlen uns gestresst.

Anerkennung hat den gegenteiligen Effekt. Wir entspannen uns und fühlen uns wohler. Vor Jahren gab es eine Werbekampagne für Edeka, die genau diese Technik genutzt hat. Mit durchschlagendem Erfolg. Hier lobte der Schauspieler Friedrich Liechtenstein alles, aber auch wirklich alles, auf Teufel komm raus. Wenn Liechtenstein beispielsweise bei zwei Damen auf dem Kaffeekränzchen auftaucht, eine Torte (natürlich von Edeka!) ins Bild hält und dazu rappt: »supersüß, supersexy, super easy – supergeil«, dann hat das schon Humor. Oder wenn er bei einer Sushi essenden Frau hinter dem Sofa auftaucht, kurz ihre Katze betrachtet und schmachtet: »super Uschi, super Muschi, super Sushi – supergeil« … es amüsiert uns. So viel Anerkennung ist irgendwann ansteckend, wir fühlen uns wohl, es geht uns blendend. Supergeil. So konnten die Betrachter sich dem Sog schwerlich entziehen. Die Clips waren in aller Munde. Und damit auch die Edeka-Torten und das Sushi.

Die Kampagne wurde erweitert. Egal ob Kollegen, Mütter, Väter, Geburtstagskinder – für jeden gab es auf der Edeka-Seite einen kurzen Clip, in dem Liechtenstein den Betrachter über den grünen Klee lobt. Also, machen Sie es ihm nach. Suchen Sie nach Anerkennenswertem und loben Sie es.

MANCHMAL MUSS MAN DOCH KRITISIEREN – DIE L-K-L-FORMEL

Natürlich ist es illusorisch, anzunehmen, es gäbe an jeder Situation etwas Lobenswertes. Kürzlich kam eines meiner Kinder mit einer Fünf in Latein nach Hause. Das fand ich nicht »supergeil«. Aber ich weiß, wie es ist, eine Fünf zu schreiben. Ich weiß auch, dass eine Fünf meist keine große Katastrophe ist – sie ist nur wenig hilfreich, wenn man Abitur machen möchte.

Das sind Momente für die L-K-L-Formel. Das steht für Lob – Kritik – Lob. Ich versuche also grundsätzlich, irgendetwas zu finden, was gut gemacht wurde. Und das betone ich dann auch. Es hilft ungemein, mit einem Lob zu beginnen, dann gerechtfertigt zu kritisieren und dann mit einem Lob abzuschließen: »Also, deine Handschrift ist wirklich schön geworden, die Vokabeln müssen besser sitzen – und, tolle Schuhe« ...

Generell ist es sehr wichtig, in solchen Momenten sofort zu handeln und die notwendige Kritik auszusprechen. Viele von uns tappen in folgende Denkfalle: Wir denken, so viel kritisieren ist nicht gut. Deshalb unterlassen wir es bei Kleinigkeiten und sagen nichts, merken uns aber genau, was uns nicht gepasst hat. Das kann sehr gefährlich werden, denn irgendwann ist unser mentales Kritik-Heftchen voll. Jetzt muss nur ein Moment kommen, in dem wir nicht in Form sind, und wir flippen wegen einer Kleinigkeit aus. Und wo wir dann schon so richtig in Fahrt sind, schmieren wir dem anderen ALLES aufs Brot, was sich in letzter Zeit so an kritikwürdigem Verhalten angesammelt hat. Es reicht, wenn der Sohn oder die Tochter die berühmte Zahnpastatube offen lässt, und wir legen los: Nicht nur, dass du diese Zahnpasta offen lässt und sowieso falsch ausdrückst, nein, auch dein Zimmer sieht unmöglich aus, du räumst den Teller nie vom Tisch, überall liegt dein Zeug rum, und deine schulischen Leistungen sind auch nicht so, wie wir uns das wünschen ...!

Was ist die Folge? Wir überladen den anderen mit Kritik, die in diesem Moment zu viel ist. Manchmal reden wir uns derart in Rage, dass wir unser Gegenüber sogar persönlich angreifen. Wir beginnen, die Person zu kritisieren und nicht ihr Verhalten. Gute Indikatoren für eine solche unverhältnismäßige Reaktion sind übrigens die Wörter: »immer«, »nie« und – Klassiker – »schon wieder«. Wenn Sie sich beim

Aussprechen dieser Worte ertappen, befinden Sie sich wahrscheinlich auf dünnem Eis ... Wenn wir sofort agieren, umgehen wir die Gefahr, derart verletzend zu werden.

Mit der Lob-Kritik-Lob-Formel haben wir eine tolle Struktur, die uns automatisch die Gelegenheit gibt, dem anderen mitzuteilen, dass sein Verhalten nicht unseren Erwartungen entspricht, nicht sein Charakter. Es ist nämlich sehr schwer, zu loben und dabei den anderen persönlich anzugreifen. Vielleicht ist das eines der Geheimnisse der Wirksamkeit der Formel.

Wieso hören wir eigentlich nicht mit der Kritik auf? Wir haben ja schon gelobt – wäre es dann nicht sinnvoller, mit der Kritik zu enden, damit sie besser im Gedächtnis haften bleibt und nicht vom folgenden Lob verwischt wird?

Aus irgendeinem Grund klappt das nicht. In dem Büchlein *Der Minuten Manager* von Kenneth Blanchard und Spencer Johnson steht eine kurze Geschichte, die verdeutlicht, warum wir die Formel nicht umstellen sollten. (Blanchard und Johnson schlagen übrigens vor, erst zu kritisieren und dann zu loben. Das erste Lob kommt bei ihnen nicht vor. Meine Erfahrung ist zwar nicht wissenschaftlich belegt, aber ich habe drei Kinder, Sie können mir also glauben: Wenn Sie vor der Kritik loben, funktioniert es viel besser.)

Im alten China gab es mal einen Kaiser, der einen Premierminister ernannte und ihm folgende Aufgabenteilung vorgab: »Du bist verantwortlich für die Strafen und ich bin verantwortlich für alle Belohnungen.« Nach kurzer Zeit bemerkte der Kaiser, dass seine Befehle mal ausgeführt wurden und mal nicht. Wenn aber der Premierminister einen Befehl aussprach, dann wurde er sofort ausgeführt. Also beschloss der Kaiser, die Aufgaben anders zu verteilen. Ab sofort war der Kaiser für die Strafen zuständig und der Premierminister für die Belohnung. Von da an dauerte es nur ein paar Wochen, bis der Premierminister Kaiser wurde. Was war geschehen? Der Kaiser war bis dahin ein beliebter und freundlicher Mensch gewesen; plötzlich begann er zu strafen und Härte zu zeigen. Die Menschen fragten sich, was wohl in ihn gefahren sei, und verbannten ihn. Als sie einen neuen Kaiser suchten, dachten sie sich: »Der Premierminister hat sich toll gewandelt«, und setzten ihn auf den Thron.

Flieg doch zum Mond

Aber wann ist denn nun eine Kritik angebracht? Ab wann ist es sinnvoll zu kritisieren und wann kann ich meine Kritik vergessen? Glücklicherweise gibt es auch hierzu eine tolle Technik: die »Flieg doch zum Mond«-Methode.

Wenn ich merke, dass mich etwas ärgert und ich gleich anfange zu kritisieren, stelle ich mir vor, ich würde mit einem Raumschiff auf den Mond fliegen und von dort aus ganz ruhig die Situation betrachten. Dann stelle ich mir die Frage: Regt mich das jetzt immer noch auf? Wenn ich vom Mond aus mein Haus betrachte (was gar nicht so einfach ist), nervt mich dann immer noch, dass meine Kinder es nicht schaffen, ihre Lunchboxen aus den Schultaschen zu räumen, und sich inzwischen Dutzende davon in ihren Rucksäcken befinden müssen? Oder ist mir so etwas auf dem Mond egal? Machen Sie in solchen Momenten mal so eine Gedankenreise. Das hilft ungemein, sich die Relationen bewusst zu machen.

Zugegebenermaßen haben die hier vorgestellten Methoden und Gedanken auf den ersten Blick nicht viel mit Körpersprache zu tun.

Wenn ich jedoch an der Gestik und Mimik erkenne, dass ein Mensch sich verschließt, dann ist dieses Wissen nur sinnvoll, wenn ich im zweiten Schritt etwas unternehmen kann, um adäquat auf dieses Verhalten zu reagieren. Und da gehören die hier beschriebenen Methoden zu den besten, die ich kenne. Ich habe aber auch noch einen guten Trick aus der Körpersprache, um Verbundenheit herzustellen, wenn man doch mal kritisieren muss. Ich nenne ihn den »Magic Touch«.

Der Magic Touch

Berührungen bringen uns näher. Nicht umsonst sagen wir bei etwas sehr Ergreifendem, dass es uns berührt. In dem Moment, in dem jemand mich berührt, ist automatisch Nähe geschaffen. Blanchard und Johnson berichten von einem Familientherapeuten, der sich mit ‚Bonding' beschäftigt hat, also mit dem Aufbau emotionaler Beziehungen zwischen Menschen. Nähe ist hier ein ganz wichtiger Punkt. Menschen brauchen diese Nähe, um zu spüren, dass sie gemocht werden – etwas, was für jeden von uns immens wichtig ist. Um Verbundenheit herzustellen, ist Nähe also unerlässlich. Wenn ich bei einem Auftritt spüre, dass einer meiner mitwirkenden Zuschauer auf der Bühne unsicher wird, gehe ich sofort zu dem betreffenden Zuschauer und berühre ihn am Arm, während ich ihn anlächle und meine Instruktionen ruhig wiederhole. Diese Berührung ist wichtig. Wie können wir das jetzt auch im Alltag anwenden? Ganz einfach. Angenommen, Sie haben ein Kind und müssen etwas kritisieren (ja, so was kommt vor ...), dann hat der Familientherapeut den Eltern beigebracht, das Kind in solchen Situationen körperlich zu berühren. Ganz einfach, indem Sie dem Kind eine Hand auf die Schulter legen, den Arm berühren oder, wenn es noch sehr klein ist, das Kind auf den Schoß nehmen. Jetzt bringen Sie Ihren Punkt mit der L-K-L-Methode an. Sie sagen nach einem anfänglichen Lob also ganz genau, was das Kind falsch gemacht hat. Jetzt machen Sie am besten noch eine Pause und schweigen einen Moment, damit das Kind über das, was Sie gesagt haben, nachdenken kann und es versteht. Und dann, nach dieser kurzen Pause, sagen Sie Ihrem Kind, wie sehr Sie es mögen und dass es Ihnen wichtig ist. Auch hier: Es wird nicht die Person kritisiert – Sie reden über das Verhalten! Sehr wichtig ist hierbei: Wenn Sie Ihr Kind bei einer

Kritik auf den Schoß nehmen oder am Arm berühren, dann müssen Sie diese Berührungen immer auch in guten Situationen wiederholen. Das ist sehr (!) wichtig. Ansonsten kann es Ihnen nämlich passieren, dass die Berührung mit der Kritik gemeinsam abgespeichert wird und als »Anker« gesetzt wird. Ich erinnere mich immer wieder an das Beispiel eines Vaters, der seinen Sohn immer nur in den Arm genommen hat, um ihn zu trösten, wenn er sich wehgetan hatte. Nachdem der Vater das über einen längeren Zeitraum so gemacht hatte, umarmte er seinen Sohn schließlich bei einer anderen Gelegenheit, woraufhin der Sohn in Tränen ausbrach und keine Ahnung hatte, warum ...

Der Magic Touch geht aber noch weiter und er lässt sich nicht nur bei Kindern anwenden. Auch bei Ihren Arbeitskollegen ist er eine tolle Geheimtechnik. Ich rate Ihnen allerdings, keinen Ihrer Kollegen auf den Schoß zu nehmen. Das wäre dann doch zu viel Nähe. Generell sind Berührungen bei Menschen, die uns nicht sehr nahestehen, manchmal heikel. Berühren Sie Ihre Arbeitskollegen nur an neutralen Punkten. Sehr gut eignen sich Oberarme und Schultern. Und dann denken Sie an den Vater mit dem Sohn. Es gibt nämlich auch in der Geschäftswelt den richtigen Zeitpunkt für den Magic Touch: Berühren Sie Ihr Gegenüber immer nur beim Geben! Also nur, wenn Sie es anerkennen, ermutigen und unterstützen.

Bei jeder Form von Kritik berühren Sie Ihre Kollegen nicht!

Sie werden merken, Ihre Argumente werden ganz anders aufgenommen.

7

KOMMUNIKATION KOMMT VON INNEN – SEI KRAFTVOLL

Atlantis Books auf Santorin ist eine der schönsten Buchhandlungen, die ich je betreten habe. Es ist eher ein Zuhause für schöne Bücher als ein Geschäft. Nachdem man von der Hauptstraße in Oia über eine schmale Treppe in ein Kellergeschoss gelangt ist, öffnet sich ein Gewölbe, das vom Boden bis unter die Decke mit Büchern gefüllt ist. Sie finden dort Bücher in allen Sprachen und aus allen Ländern. Billige Romane neben teuren Erstausgaben, es gibt die ganze Palette. Die Mischung der Bücher, ihr Geruch, die Stimmung, es ist atemberaubend.

Die Inhaber sind extrem freundlich und entspannt. Neben der Kasse hängt ein Pfeildiagramm, das diese Gelassenheit sehr gut erklärt.

Hier der Algorithmus:

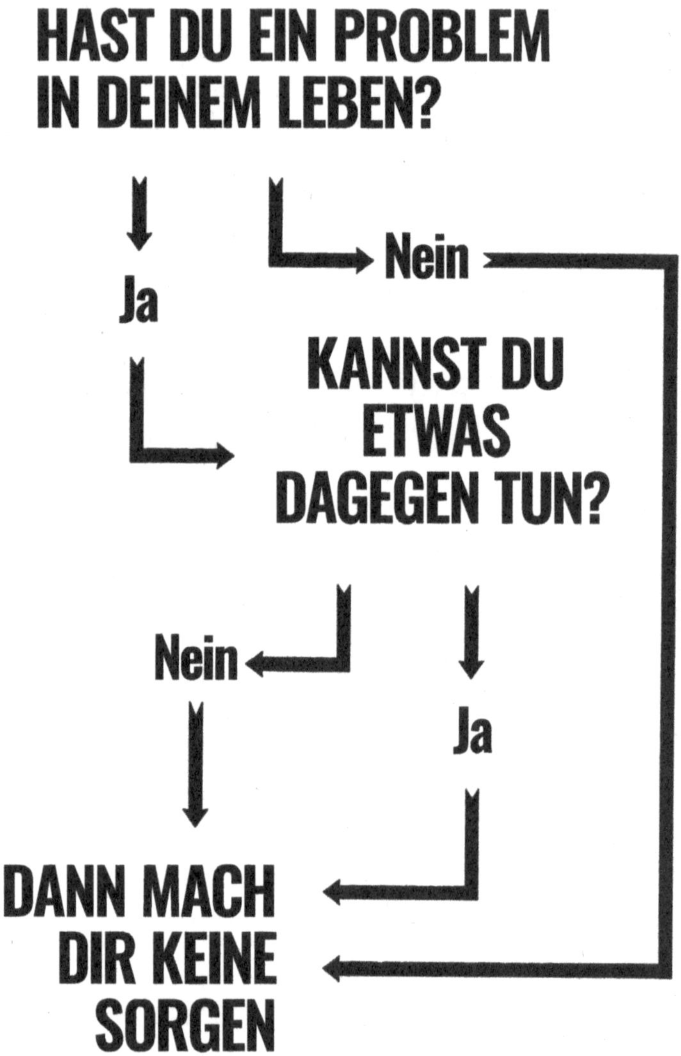
HAST DU EIN PROBLEM IN DEINEM LEBEN?
Ja
Nein
KANNST DU ETWAS DAGEGEN TUN?
Nein
Ja
DANN MACH DIR KEINE SORGEN

»Mach dir keine Sorgen« ist ein anderer Ausdruck für »Bleib entspannt«.

Beim Körperlesen besteht eine Gefahr: Wir sind so sehr damit beschäftigt, die Signale unserer Mitmenschen zu deuten, dass wir dabei vergessen, dass wir von unseren Mitmenschen ja auch beobachtet werden. Jeder Mensch, mit dem wir uns verbinden, wird uns ebenfalls beobachten und automatisch analysieren. Ob es uns passt oder nicht – Kommunikation und die Verbindung mit anderen Menschen ist immer ein Austausch. Wir sehen und werden gesehen. Da es hier keine Grenzen zwischen Denken und Handeln gibt, sind unser Verhalten und unsere Körpersprache in vielen Fällen genauso wichtig wie unsere gesprochene Sprache.

Die gesprochene Sprache gibt den Inhalt unserer Botschaft wieder, der Körper und die Betonung die dahinter liegende Emotion.

Der große Paul Watzlawick hat die Wichtigkeit von Inhalts- und Emotionsebene immer wieder hervorgehoben. Dabei hat er sehr deutlich gemacht, dass sämtliche Verbindungen auf der Emotionsebene aufgebaut werden und sämtliche Konflikte auf der Emotionsebene gelöst werden. Was wir sagen, informiert unsere Mitmenschen – wie wir es sagen und was der Körper dabei spricht, berührt sie.

Zur Verdeutlichung hilft mir folgendes Bild: Stellen Sie sich vor, zwei riesige Eisberge treiben im Wasser. Wie Sie sicher wissen, befinden sich nur ungefähr 10 Prozent eines Eisbergs über Wasser, circa 90 Prozent sind unsichtbar unter der Wasseroberfläche.

Analog sind die gesprochenen Worte – also die reine Information – die Spitze des Eisbergs. Der emotionale Gehalt ist der unsichtbare Teil unter Wasser.

Wo berühren sich diese beiden Eisberge zuerst, wenn sie im Wasser aufeinander zutreiben …?

Der Inhalt einer Aussage ist wichtig, keine Frage. Er ist wie die Noten auf einem Blatt Papier. Aber erst der emotionale Gehalt macht die Melodie hörbar. Damit wir uns also wirklich mit anderen verbinden können, ist es grundlegend, dass wir emotional auf einer Wellenlänge sind. Und damit sind wir wieder bei unserer Körpersprache. Wie bei einem Briefwechsel oder Telefonat besteht eine gute Verbindung nicht nur im Empfangen von Signalen, sondern auch im Senden. Den anderen nur zu lesen ist keine Kommunikation und keine Harmonie. Das Leben besteht aus beidem: lesen und gelesen werden!

Und da alles miteinander verknüpft ist, beeinflussen unser eigenes Verhalten und unsere Körpersprache die Reaktionen unserer Mitmenschen stärker, als uns in vielen Momenten bewusst ist. Echte Verbindungen können wir nur aufbauen, wenn wir die Wirkung unseres eigenen Auftretens genau kennen.

Darum geht es in diesem Kapitel.

Was hat das nun mit dem Spruch in der griechischen Buchhandlung zu tun? Ganz einfach: Wenn etwas uns stresst und wir keinen Widerstand leisten und nicht dagegen ankämpfen, dann lässt der Stress nach. Mental und körperlich. Dann sind wir wie das Auge des Sturms. Stoisch und gelassen. Das meinte Bruce Lee, als er in einem Interview sagte, das Ziel sei es, wie Wasser zu sein: »Be like water, my friend.«

Er sagte sinngemäß: »Leere deinen Geist. Sei ohne feste Gestalt. (...) Wenn man Wasser in eine Tasse füllt, dann wird es zur Tasse. Füllt man es in eine Flasche, dann wird es zur Flasche. Füllt man es in einen Teekessel, dann wird es zum Teekessel. Wasser kann fließen oder es kann zerstören. Sei Wasser, mein Freund.«

Bruce Lees Metapher sagt, dass wir die Wahl haben, auf das zu reagieren, was uns im Leben zustößt. Wir haben die Wahl zwischen Akzeptanz und Entspannung oder Ablehnung und Stress. Auf Stress zu reagieren, sich aufzubäumen und Widerstand zu leisten, indem wir blocken, nimmt uns Stärke.

Das bedeutet nicht, dass wir uns fatalistisch unserem Schicksal ergeben. Diese Vorstellung hat mir noch nie zugesagt und sie hilft uns nicht, machtvoll zu sein. Wie Walter Moers schon so schön schrieb: »Das Leben ist zu kostbar, um es dem Schicksal zu überlassen.«

Ich bin vielmehr der Ansicht, dass nicht die Dinge und andere Menschen uns unglücklich machen, sondern unsere Reaktion auf das, was passiert. Seneca schrieb vor knapp 2000 Jahren: »Wer will, ist des Schicksals Freund, wer nicht, sein Knecht.« Dabei ist freilich sehr wichtig, dass dieser Leitsatz für jeden Menschen gilt. Manchmal besteht die Tendenz, dass wir so sehr daran arbeiten, den Umständen und anderen Menschen keine Macht mehr zu geben, dass wir dabei vergessen, dass der andere ebenfalls die Macht über sein eigenes Erleben und seine Reaktionen hat. Wenn der andere jetzt in einer Situation nicht so handelt, wie wir uns das wünschen oder vorstellen, liegt das in seiner Macht. In unserer liegt es nur, darauf entsprechend zu reagieren.

Als Faustregel gilt hier:

Anspannung erzeugt Stress – Entspannung erzeugt Ruhe.

Das entscheidende Wissen besteht also darin, in zu ruhigen Situationen Hilfsmittel zu kennen, die uns mehr Energie geben, und umgekehrt in jeder Stresssituation eine Methode an der Hand zu haben, die uns hilft, sofort zu entspannen. Da ist sie wieder, die dynamische Harmonie.

Mit diesen Hilfsmitteln meine ich keine stundenlangen Übungen, um in einen Zustand von mehr Energie oder absoluter Entspannung zu kommen und dadurch die Erleuchtung zu erlangen. Die große Suche nach der Erleuchtung habe ich in unseren Kulturkreisen nie wirklich begriffen. Ich bin der Suche nach echten Verbindungen zwischen Menschen verfallen. Was hilft mir da die Erleuchtung? Ich habe manchmal den Eindruck, dass die Menschen, die krampfhaft nach

Erleuchtung suchen (was ja schon wieder ein Widerspruch ist), das aus Selbstzweck und für sich tun. Was hat der andere davon, wenn ich erleuchtet bin?

Es gibt die Geschichte eines Zen-Mönchs, der nach monatelanger Meditation endlich die gesehnte Erleuchtung erlangt. Er sagt zu seinem Lehrer: »Meister, ich habe die Erleuchtung erlangt!« Worauf der Meister erwidert: »Dann mach weiter, das geht vorbei.«

Verstehen Sie mich bitte richtig: Wenn Sie, liebe Leserin und lieber Leser, die Erleuchtung suchen, dann tun Sie das ruhig. Das schadet ja keinem. Was ich vielmehr sagen will, ist, dass sie für eine echte Verbindung nicht zwingend nötig ist.

Hier reicht es uns, die richtigen Methoden für den richtigen Moment zu kennen. Legen wir also los.

MÜSSEN VS. WOLLEN – ANFANGEN, AUSFÜHREN, ABHAKEN

Eine der besten Möglichkeiten, sofort zu entspannen, haben wir bereits kennengelernt. Sie besteht darin, sich genau auf den Moment zu konzentrieren, in dem wir uns gerade befinden. In meinen Seminaren lasse ich meine Teilnehmer auf einem Blatt Papier eine Tabelle zeichnen.

Danach haben sie ein paar Minuten Zeit, in die rechte Spalte alles zu schreiben, was sie gerade tun müssen und worauf sie keine richtige Lust haben: Steuererklärung, Kundengespräche führen, an Meetings teilnehmen und so weiter. In die linke Spalte sollen sie dann alles schreiben, was sie stattdessen lieber tun würden: Musik hören, ins Kino gehen, in den Urlaub fahren – Sie verstehen, was ich meine. Nach der Übung fühlt sich keiner besser als davor. Also soll jeder sein Blatt zerreißen und in den Mülleimer werfen.

Die Lektion: Sie tun gerade nichts von beidem!

Wenn Sie einer ungeliebten, aber sehr wichtigen Tätigkeit nachgehen, dabei aber ständig daran denken, was Sie stattdessen lieber tun würden, dann bringen Sie sich selbst um die Macht des Augenblicks. Sie tun nichts von beidem. Weder machen Sie die Steuererklärung, noch sind Sie im Kino. Das ist so ziemlich das Gegenteil von zielgerichtetem Handeln. Dasselbe gilt für ein Gespräch mit einem anderen Menschen. Wenn Sie in Gedanken woanders sind, werden Sie Ihr Gegenüber nicht wahrnehmen.

Ein Freund von mir hasst das deutsche Wetter im Winter. Meistens ist es grau, kalt und nass. Irgendwann hat dieser Freund begonnen, im Internet Bilder von Hotels in Hawaii zu googeln. Seitdem jammert er mir im Winter die Ohren voll. In Deutschland, so der Freund, wäre es einfach furchtbar und auf Hawaii so schön. Er jammert inzwischen so extrem, dass er gedanklich die meiste Zeit gar nicht mehr in Deutschland ist. Das Problem dabei ist nur: Auf Hawaii ist er ja auch nicht. Er ist nirgendwo. Wenn Sie bis hierhin gelesen haben, wissen Sie, dass ich ein großer Freund davon bin, sich gedanklich auch mal auszuklinken und eine Gedankenreise zu machen. Aber irgendwann müssen wir auch wieder zurückkommen. Denn echte Macht haben wir nur in diesem Moment. Falls Sie auch in die Falle tappen, sich gegen eine wichtige Aufgabe zu sperren und dadurch anspannen und sich Stress verursachen, habe ich eine tolle Methode, sofort entspannter und ruhiger zu werden: die drei A.

AAA

Anfangen – Ausführen – Abhaken.

Statt sich zu viel Zeit zu nehmen und selbst einzureden, dass wir die vor uns liegende Aufgabe nicht annehmen möchten, ist es oft sinnvoller, einfach anzufangen. Wir müssen es ja sowieso machen.

Ich kann mich noch gut erinnern, dass ich als Kind stundenlang über zu viele Hausaufgaben gejammert habe. Irgendwann sagte meine

Mutter zu mir: »Wenn du die Zeit, die du jetzt mit Jammern verbracht hast, für deine Hausaufgaben genutzt hättest, wärst du schon lange fertig.«

Anfangen hat Magie. Der erste Schritt ist eine gute Sache. Es ist wie mit der Kreativität. Statt tatenlos zu warten, bis sie kommt, fange ich meistens einfach an zu schreiben. Sie kommt beim Schreiben. Der zweite Schritt besteht im Ausführen. Anfangen kann nämlich jeder. Dranbleiben und die Aufgabe beenden ist eine andere Sache. Also: Nach dem Anfangen auch ausführen. Und jetzt kommt der dritte Schritt, den wir ganz gern mal vergessen, das Abhaken. Das bedeutet, wenn eine unangenehme Aufgabe beendet ist, können wir uns gern selbst auf die Schulter klopfen und uns anerkennend loben. Sie wissen ja inzwischen, wie sehr Anerkennung und Lob sich auf uns und unsere Umwelt auswirken. Danach machen Sie einen Haken dran und geben der Sache nicht noch mehr Aufmerksamkeit, indem Sie ständig darüber nachdenken und darüber reden. Es ist ausgeführt. Widmen Sie sich jetzt lieber Ihrem Gegenüber, anstatt über die vollbrachte unangenehme Aufgabe nachzudenken. Sonst verpassen Sie vielleicht eine wichtige Geste oder Betonung.

Für das Anfangen habe ich noch einen sehr praktischen Tipp für Sie. Anstatt sich selbst einzureden, dass die vor Ihnen liegende Aufgabe sehr unangenehm ist und dass Sie keine Lust darauf haben (was Sie sehr stressen wird), machen Sie das Gegenteil. Sie sagen sich selbst: Ich gebe mir jetzt die Erlaubnis, das zu tun. Es ist eine gute Idee.

Ich mache das jedes Mal, wenn ich die Spülmaschine ausräumen muss. Ich mag es nicht besonders. Aber das sage ich mir natürlich vorher nicht. Stattdessen sage ich (meistens laut): »Oh, die Spülmaschine muss ausgeräumt werden. Gute Idee! Das erlaube ich mir jetzt einfach mal. Macht ja eh keiner so gut wie ich.« Und während ich ausräume, lobe ich mich bei jedem Löffel und jedem Teller über den grünen Klee. Das Prinzip dahinter nutzen einige Schauspieler schon lange. Es lautet *»Fake it till you make it«*. Unser Unterbewusstsein glaubt uns, was wir ihm sagen. Glauben Sie mir, es funktioniert. Solche Selbstgespräche wirken Wunder. Nicht ohne Grund verwenden Psychologen hierfür den Begriff »Selbstinstruktion«. Unsere Gedanken und unser Körper glauben, was wir ihnen sagen.

Dieselbe Methode können Sie auch für Gespräche anwenden. Sagen Sie sich einfach selbst: »Ich erlaube mir das jetzt mal. Gute Idee, mit demjenigen zu reden.« Während des Gesprächs konzentrieren Sie sich auf Ihre Gemeinsamkeiten. Diese Methode haben wir im letzten Kapitel ja schon kennengelernt. Erkennen Sie den anderen an, machen Sie in Gedanken Komplimente oder stellen Sie sich Ihr Gegenüber inmitten Ihrer Lieblingsblumen vor. Ganz besonders für Flirts ist das eine sehr gute Methode. Sie erhöhen Ihre Wirkung um ein Vielfaches, denn jeder Ihrer Gedanken hat Auswirkungen auf die Art und Weise, wie Sie sprechen und wie Sie sich bewegen. Bevor ich einen Zuschauer anspreche, denke ich meistens: »Schön, dass du da bist.« Ich werde oft gefragt, wie ich es schaffe, jeden Abend gut gelaunt vor Publikum zu treten. Hier lesen Sie, wie ich das mache. Vor jeder Show sage ich mir: »Das ist dein Publikum, ich freue mich auf einen tollen Abend mit einem tollen Publikum.«

Ich liebe meinen Beruf und ich liebe mein Publikum. Darauf konzentriere ich mich vor dem Auftritt. Das ist alles. Ich gehe nicht extra mit einem Bein zuerst raus oder hebe meine Arme in einem gewissen Moment, um eine antrainierte Geste auszuführen. Ich denke einfach nur, dass ich unendlich froh bin, auf der Bühne zu stehen und einen tollen Abend zu erleben. Diese Gedanken sorgen für die richtige Köpersprache.

Zur Veranschaulichung habe ich eine beeindruckende Übung für Sie:

Pendel-Power

Ein Pendel ist ein wahrlich wunderbares Hilfsmittel. Keine Sorge, wir werden an dieser Stelle weder okkult, noch werden wir irrationalen Spinnereien nachgehen. Das Pendel ist nämlich weder das eine noch das andere. Für mich ist das Pendel nahezu echte Magie. Unsere Gedanken werden real. Nur durch konzentrierte Gedanken bringen wir ein Gewicht an einer Kette zum Schwingen. Die Wissenschaft erklärt das über ideomotorische Bewegungen. Das sind unbewusste Impulse, die von jedem Menschen ausgehen, sobald er intensiv an eine bestimmte Sache oder Richtung denkt. Durch viel Training können wir die Fähigkeit erlangen, diese unwillkürlichen Impulse zu erkennen. Das Thema ist für mich unglaublich spannend und die Erklärung nimmt der Sache überhaupt nichts an Faszination. Im Gegenteil, je mehr ich darüber erfahre, desto fesselnder finde ich es: Unsere Gedanken werden buchstäblich sichtbar.

Genug der Schwärmerei, werden wir praktisch. Für die nächste Übung brauchen Sie entweder ein Pendel oder einen Gegenstand, der an einer Kette oder Schnur in Ihrer Hand hin und her pendeln kann. Sie können auch einen Schlüssel oder Ring an eine Schnur binden.

Erstes Experiment: Halten Sie das Pendel ruhig zwischen Daumen und Zeigefinger und schauen Sie auf das Gewicht. Konzentrieren Sie Ihre ganze Aufmerksamkeit auf das Gewicht und befehlen sie ihm in Gedanken, dass es in einer geraden Linie von links nach rechts pendeln soll. Wiederholen Sie Ihren Gedanken immer und immer wieder. Sagen Sie dem Pendel, dass es von links nach rechts und von rechts nach links in einer geraden Linie schwingen soll. Sie können den Befehl laut aussprechen, ein gedanklicher Befehl funktioniert aber auch.

Als Nächstes halten Sie das Pendel an und befehlen ihm, im Kreis zu pendeln. Sie entscheiden, ob im oder gegen den Uhrzeigersinn. Auch hier wiederholen Sie den Befehl in Gedanken immer wieder.

Das ist die Grundlage. Unsere Gedanken erzeugen eine Bewegung.

Zweites Experiment: Hierzu brauchen Sie zusätzlich zwei Münzen, ein Blatt Papier (am besten DIN A4) und einen Stift.

Zunächst legen Sie die Münzen ein paar Zentimeter voneinander entfernt auf das Papier. Halten Sie das Pendel über dem Blatt zwischen den Münzen und sagen Sie ihm, dass es zwischen den Münzen hin und her pendeln soll. Das Pendel wird eine Linie zwischen den Münzen beschreiben. Oft beschreibt es keine gerade Linie, sondern einen Bogen.

Legen Sie das Pendel jetzt ab und zeichnen Sie eine Linie zwischen den beiden Münzen.

Wenn Sie jetzt das Pendel über die linke Münze halten und sich auf sie konzentrieren, werden Sie merken, dass das Pendel sich im Kreis über der Münze bewegt. Bewegen Sie das Pendel jetzt langsam nach rechts zur Linie. Sobald das Pendel über die Linie gelangt, wird es die Richtung ändern und sich entlang der Linie auf und ab bewegen. Halten Sie es nun an und positionieren es über der rechten Münze. Jetzt wird es wieder einen Kreis beschreiben.

Als Nächstes reißen Sie das Papier entlang der Linie in zwei Teile und legen die Münze auf je einen Teil. Jetzt wird das Pendel wieder eine gerade Linie zwischen den Münzen beschreiben, wenn Sie es zwischen die Münzen halten.

Durch das Pendel werden Ihre Gedanken sichtbar. Ein Impuls im Inneren erzeugt eine Handlung im Äußeren. Wahre Kraft kommt von innen.

UNSER KÖRPER ZEIGT UNSERE GEDANKEN – AFFIRMATIONEN

Die Bewegung des Pendels macht die Verbindung zwischen unseren Gedanken und deren Auswirkung auf unsere Körperbewegungen deutlich. Es zeigt, dass es zwischen unseren Gedanken und Emotionen und unserer Körpersprache keine Grenzen gibt. Alles ist miteinander verknüpft. Je nachdem, wie stark und konzentriert wir an etwas denken, braucht es dafür aber kein Pendel mehr. In Situationen starker Anspannung werden andere uns diese Anspannung ansehen; genauso verhält es sich mit extremer Entspannung. Ein großer Schlüssel liegt wie so oft in unserem Denken.

Positive, bestätigende Sätze, die wir uns immer wieder selbst sagen, werden als »Affirmationen« bezeichnet (aus dem Lateinischen *affirmare*: »behaupten, beteuern, bestätigen, bekräftigen«). Manchmal spricht man dabei auch von Autosuggestion. Es handelt sich um einen Befehl, den wir uns selbst geben. Um genauer zu sein: Unser Bewusstsein spricht zu unserem Unterbewusstsein. Der Kutscher sagt den Pferden, wo er hinwill. Affirmationen sind eine sehr starke mentale Methode, um in Harmonie zu kommen – also um Anspannung zu reduzieren oder um mehr Power zu haben.

Affirmationen können wir auf uns selbst, aber auch auf andere beziehen. An dieser Stelle widmen wir uns nur den selbstbezogenen Affirmationen. (Die auf andere bezogenen Affirmationen werden über unsere Körpersprache und Worte deutlich. Zum Beispiel, wenn wir – wie im letzten Kapitel beschrieben – andere Menschen in Gedanken loben. Als Körperleser sollten wir inzwischen ein Bewusstsein dafür haben.)

Affirmationen sind aber nicht auf gesprochene oder gedachte Sätze reduziert. Neben verbalen Affirmationen gibt es nämlich auch körpersprachliche. Das sollten wir ein wenig näher betrachten.

Beginnen wir mit den verbalen Affirmationen. Als genaue Beobachter achten wir sehr darauf, welche Worte andere Menschen gebrauchen, um mit uns zu reden. Worte haben eine starke Kraft und reflektieren in vielen Fällen, wie unser Gesprächspartner über etwas denkt. Es ist ein Unterschied, ob ein Freund mir seine Frau in einem Gespräch als seine Frau, seine Angebetete, seine Gattin oder als seine Alte beschreibt. Da schwingt schon jede Menge mit. Oder ob wir sagen, ein Musiker hat ein Lied gesungen oder ein Liedchen geträllert. In manchen Fällen reagieren wir sehr empfindlich auf die Wortwahl unserer Gesprächspartner.

Die Worte dagegen, die wir für Selbstinstruktionen nutzen, legen wir meist nicht so sehr auf die Goldwaage. Dabei verraten die gesprochenen Worte in den meisten Fällen sehr gut, wie wir über eine Sache denken und wie wir sie einordnen. Sie zeigen unsere Gefühle und Überzeugungen in Bezug auf das Thema.

Für sich selbst die richtigen Worte zu finden ist daher schon mal ein guter erster Schritt. Aber auch dann kann es sein, dass die Affirmation ihre gewünschte Wirkung nicht zeigt. Sehr oft liegt das daran, dass die Affirmation zu lang und zu kompliziert ist.

Ich gebe Ihnen zwei Beispiele:

Beispiel 1:

»Das Universum ist grenzenlos und in Harmonie. Harmonie fließt durch meinen Körper wie ein ruhiger Fluss und sorgt dafür, dass es mir in jeder Hinsicht und in jedem Moment immer besser und besser geht. Ich bin mir dessen bewusst und nehme dieses Geschenk dankend an. Ich danke dem Universum für seine Harmonie und das damit verbundene Wohlbefinden, das es damit in mir auslöst.«

Beispiel 2:

»Ich bin jetzt vollkommen ruhig und entspannt!«

Ich habe den ersten Text bewusst ein wenig blumig und schmalzig formuliert. Aber ich habe schon Menschen getroffen, die es mit solchen Aussagen probiert haben.

Die zweite Affirmation ist aus mehreren Gründen besser. Zunächst: Sie ist kurz. Sie wird, oft genug wiederholt, bessere Ergebnisse erzielen.

Zweitens ist sie ganz klar formuliert. Je klarer die Formulierung, desto stärker ist die Wirkung der Affirmation.

Affirmationen sind ein großartiges Werkzeug, um Ihre Einstellungen gegenüber sich selbst oder einer Situation zu ändern. Hören Sie mal in sich. Ertappen Sie sich bei Gedanken wie »Dieser Mensch geht mir total auf die Nerven«, oder »Das macht mich ganz krank«? Wenn Sie das bemerken, dann machen Sie eine kurze Pause und sagen: »Und das kann sich ändern« und tauschen die negative Aussage durch »Ich bin völlig gelassen und ich nehme die Meinung dieses Menschen zur Kenntnis« oder »Ich bleibe gesund!«. Diese Worte haben Wirkung, auch wenn Sie sie nur sich selbst gegenüber aussprechen.

Sehr oft höre ich von Seminarteilnehmern, dass jede Affirmation positiv ausgedrückt werden muss und dass wir jede negative Formulierung unbedingt vermeiden müssen. Das erste Beispiel dürfte also auf keinen Fall lauten: »Dieser Mensch geht mir ab jetzt nicht mehr auf die Nerven.« Der Grund dafür sei, dass unserem Unterbewusstsein das Wort »nicht« unbekannt sei. Meine Erfahrung bestätigt das nicht.

Wenn ich auf der Bühne einem Zuschauer suggeriere, dass er seinen Arm nicht mehr bewegen kann, und dieser Effekt tritt sofort ein, dann zeigt diese Tatsache, dass unser Unterbewusstsein das Wort »nicht« sehr wohl versteht. Wir sollten uns darüber nicht zu sehr den Kopf zerbrechen. Ihr Unterbewusstsein hört alles. Dennoch ist es besser, positiv zu formulieren, weil das Bild, das dann durch unsere Worte geschaffen wird, für unser Unterbewusstsein leichter zu verstehen ist. Genau wie der Satz »Iss bitte nicht wie ein Ferkel!« wahrscheinlich weniger wirksam ist als der Satz »Iss bitte ordentlich!«.

Neben der Kürze und Klarheit gibt es noch einen weiteren grundlegenden Faktor für das Gelingen einer Affirmation: Sie müssen selbst daran glauben. Der Glaube an die Affirmation ist dabei sehr viel wichtiger als der Wille. Das ist so grundlegend wichtig, dass wir uns dieser Tatsache ein wenig widmen sollten.

Unser Wille ist bei Weitem nicht so entscheidend, wie viele der heutigen Selbsthilfe-Gurus es uns suggerieren wollen. Tatsächlich verkehrt sich diese Art der pseudowissenschaftlichen Glückspsychologie eher ins Gegenteil. Ganz praktisch bedeutet das: Wenn ich mir ständig einrede, dass es mir ganz prima geht und ich völlig ruhig und entspannt bin, ich mir diesen Satz aber selbst nicht glaube, dann wird es mir nach einiger Zeit höchstwahrscheinlich sogar noch schlechter gehen. Weil ich mich selbst belüge und das auch spüre.

Über dem Willen steht nämlich immer unsere Vorstellungskraft. Ich muss mir auch vorstellen können, dass es mir besser gehen kann. Ich muss mir praktisch selbst die Erlaubnis dafür geben.

Egal, welche Affirmation ich mir vorsage, ich muss den Glauben und das Vertrauen haben, dass sie Realität werden kann. Sonst greift sie nicht. Glücklicherweise gibt es eine tolle Methode, mit der wir herausfinden können, ob wir uns so einen Satz glauben oder nicht.

Nehmen Sie sich eine Affirmation. Irgendeine. Und sprechen Sie sie einmal laut aus. Zum Beispiel: »Ich werde mein Ziel erreichen!«. Und dann schweigen Sie und warten einfach mal ab, welche Antwort Sie sich gedanklich auf diese Aussage geben. Diese Antwort zeigt Ihre unterbewusste Haltung zu der Autosuggestion. Falls sie positiv ist: Wunderbar – die Affirmation passt zu Ihnen. Falls die Antwort negativ ausfällt, wissen Sie, dass Sie hier noch weiter an sich arbeiten müssen. Sie können zum Beispiel die Suggestion umformulieren und sich sagen: »Ich kann mir vorstellen, mein Ziel zu erreichen.« Oder »Ich bin bereit, alles zu lernen, was ich brauche, um mein Ziel zu erreichen.«

Das Prinzip ist einfach: Die Worte der Affirmation werden bewusst ausgesprochen. Sie kommen also vom bewussten Teil Ihrer

Gedankenwelt. Die Antwort dagegen kommt aus Ihrem Unterbewusstsein, das Sie mit den Worten ja ansprechen wollen. Nur wenn die beiden an einem Strang ziehen, wird sich die Affirmation als nützlich erweisen. Falls die beiden gegeneinander arbeiten, wird Ihr Unterbewusstsein immer gewinnen. Denn: Alle Macht kommt von innen.

Das Wort »können« sorgt dafür, dass Affirmationen sich nicht zu weit von Ihrer augenblicklichen Situation entfernt anfühlen. Wenn Sie beispielsweise eine starke Grippe haben und sich selbst suggerieren: »Ich bin gesund!«, dann glauben Sie sich das nicht – weil es in dem Moment, in dem Sie es aussprechen, nicht stimmt. Wenn Sie die Affirmation ändern in »Ich kann gesund sein!«, glaubt Ihr Unterbewusstsein sie eher und sie kann besser wirken.

Wie aber können die Antworten aussehen, die wir uns selbst auf die Affirmationen geben?

Gewöhnlich antwortet unser Unterbewusstsein in Form von Worten, Bildern und Gefühlen. Dabei stehen einer Verwirklichung Ihrer Affirmation vier mögliche Hindernisse im Weg: Zweifel, Unsicherheit, Angst und Stress. Um die zu erkennen, können Sie folgende Methode anwenden:

Sie formulieren Ihre Affirmation um, indem Sie sie erweitern.

Statt zu sagen »Ich kann mein Ziel erreichen!«, erweitern Sie den Satz und sagen »Ich habe die Kraft, mein Ziel zu erreichen! – Ich kann das«.

Jetzt warten Sie nach Ihrer Affirmation auf die Antwort, die Ihr Unterbewusstsein Ihnen gibt. Sprechen Sie hierzu Ihre Affirmation laut aus und warten Sie auf Worte, Bilder oder Emotionen. Diese Antwort sorgt dafür, dass Sie Ihre wahre Einstellung kennenlernen und bessere Affirmationen formulieren können. Falls die Antwort nicht direkt kommt, wiederholen Sie die Affirmation. Oder sagen Sie

sie lauter. Wenn Sie merken, dass Sie dabei anspannen, dann atmen Sie gleichmäßig und ruhig und entspannen Sie sich. Falls Zweifel aufkommen sollten, wie Sie Ihr Ziel erreichen, dann sagen Sie sich selbst, dass das »Wie« zunächst keine Rolle spielt. Ihr Fokus sollte in dieser Phase noch nicht auf dem »Wie« liegen. Das ist Sache Ihres Überbewusstseins. Wenn der Fokus auf dem Glauben und Vertrauen liegt, werden Sie Möglichkeiten entdecken!

Als Nächstes sagen Sie sich:

»Ich habe das Recht, mein Ziel zu erreichen! – Ich verdiene das.«

Auch hier warten Sie auf die Antwort aus Ihrem Inneren.

Und als Letztes:

»Ich habe den Willen, mein Ziel zu erreichen! – Ich bin bereit.«

Das sind die drei Schlüsselwörter: Kraft, Recht und Wille. Die drei helfen Ihnen, bessere Affirmationen zu formulieren.

Was aber, wenn Ihnen Ihr Unterbewusstsein nun eine der Aussagen verneint? Dann ändern Sie entweder die Worte, die Bilder oder die Gefühle, die Ihnen Ihr Unterbewusstsein als Antwort schickt.

Falls als Antwort kommt: »Das klappt nicht« – dann sagen Sie: »Doch! Das klappt!«.

Falls als Antwort kommt: »Das schaffst du nicht« – dann sagen Sie: »Doch! Ich schaffe das!«

Ein Bild ersetzen Sie durch ein Bild, das Ihnen besser gefällt.

Ein Gefühl ist nur eine Auswirkung eines Gedankens. Sie können es ändern, indem Sie zum Beispiel einen anderen Blickwinkel einnehmen. Meistens hilft es, sich einfach nur zu entspannen.

Sie fragen sich an dieser Stelle vielleicht, was Affirmationen mit Körpersprache zu tun haben. Eine ganze Menge:

Unsere Körpersprache ist ein Ausdruck unserer Überzeugungen, Werte und Gefühle. Nur wenn wir die Regeln unserer eigenen Gefühls- und Gedankenwelt kennen und Kontrolle darüber haben, können wir unser Auftreten und unsere Körpersprache kontrollieren. Dann werden wir mächtig.

Ich habe bei einem Workshop auf Hawaii lange mit Serge King über die Macht von Affirmationen und Selbstgesprächen geredet. Ich fragte ihn nach einer Affirmation, die er häufig benutzt. Seitdem ist sie auch eine meiner Lieblingsaffirmationen. Es handelt sich um die »Blanko-Vergebung«. Wenn Sie merken, dass Sie anspannen und dass etwas Stress in Ihnen auslöst, dann sagen Sie sich:

»Egal, womit das in Zusammenhang steht – es spielt keine Rolle mehr.«

Sobald ich merke, dass Stress in mir aufkommt und ich das Gefühl nicht genau zuordnen kann, sage ich mir diesen Satz. In manchen Fällen mehrmals. Der Stress reduziert sich spürbar.

Serge hat einen etwas längeren Satz. Er sagt: »Egal, womit das in Zusammenhang steht – ich vergebe vollständig und es spielt keine Rolle mehr.« Mir ist das Wort »Vergebung« zu viel. Das ist aber mein ganz persönlicher Geschmack. Sie nehmen die Affirmation, die sich für Sie am besten eignet. Wie Sie das herausfinden können, wissen Sie jetzt ja.

Affirmationen für Körperleser

Unsere Körpersprache ist keine Einbahnstraße. Genau wie sich unsere Gedanken auf unsere Emotionen und so auf unser Verhalten auswirken, wirken sich in vielen Fällen unser Verhalten und unsere Körpersprache auf unsere Emotionen und auf unsere Gedanken aus. Eine Veränderung unserer Körperhaltung kann also eine sehr starke Wirkung auf unsere Emotionen und Gedankenwelt haben. Das können wir auch für Affirmationen nutzen. In diesen Fällen reden wir von körpersprachlicher Affirmation. Angenommen, wir sind einer Sache gegenüber verschlossen und möchten das ändern, dann kann es ein sehr guter erster Schritt sein, die Körperhaltung bewusst zu ändern und nur noch offene Gesten zu zeigen (wie ich es in dem Test mit den Bungeespringern im ersten Kapitel gemacht habe).

Wenn Sie sich Zuversicht und Stärke suggerieren wollen, dann können Sie damit beginnen, sich so zu bewegen und so zu stehen wie ein Mensch, der Stärke ausstrahlt. Auch hier: *Fake it till you make it.*

Das Schöne daran: Sobald Sie die Stärke fühlen und an sich glauben, wird das Ihre Körperhaltung weiter beeinflussen und diese Attribute verstärken sich. Ich prüfe vor jedem Auftritt meine Körperhaltung in einem Spiegel. Wenn ich den Eindruck habe, meine Haltung strahlt Freude und Selbstbewusstsein aus, sage ich mir gedanklich unterstützend »Wie schön, dass ich jetzt vor Publikum treten darf, ich liebe mein Publikum!« Dann gehe ich in dem Bewusstsein raus, dass ich mein Publikum liebe.

Sie können viel über sich selbst und Ihre Wirkung erfahren, wenn Sie sich vor einen Spiegel stellen und auf Ihre Körpersprache achten. Was strahlen Sie aus? Ändern Sie Ihre Körperhaltung so lange, bis Sie den Eindruck haben, dass Sie das gewünschte Gefühl auch durch Ihre Blicke, Ihren Stand, Ihren Gang und Ihre Gesten zeigen. Das können Sie dann mit verbalen Affirmationen verstärken. Sagen Sie sich die Affirmation mit den drei Schlüsselwörtern:

»Ich habe die Kraft, ich habe das Recht, ich habe den Willen, das zu tun!«

Schauen Sie, welche Änderung das in Ihrer Körpersprache bewirkt und korrigieren Sie sich so lange, bis Sie zufrieden sind.

Ich hoffe, mit diesem Kapitel und den hier vorgestellten Methoden konnte ich verdeutlichen, dass Kommunikation mit Ihrem eigenen Körper und mit Ihren eigenen Gedanken nicht darin besteht, Befehle zu erteilen. Das ist generell keine gute Idee, nicht nur, wenn wir mit unserem Körper reden, sondern auch im Gespräch mit anderen. Kommunikation ist Reden und Zuhören.

Auch unser Körper spricht mit uns – in Form von Gedanken, Bildern und Gefühlen.

Und er hört uns zu. Dabei hört und reagiert er auf jeden unserer Gedanken und bringt diesen zum Ausdruck. Ein Pendel kann das sehr deutlich und eindrucksvoll zeigen. Dabei unterscheidet unser Körper nicht zwischen dem, was andere Menschen uns sagen, und dem, was sich in unseren Gedanken abspielt. Zwischen außen und innen gibt es keine Grenzen. Für unseren Körper ist eines nicht echter oder realer als das andere. Beides ist gleich wichtig. Für unseren Körper wird die Aussagekraft und Bedeutung einer Aussage von der Emotion bestimmt, die mit dieser Aussage einhergeht. Je emotionaler und damit bedeutsamer eine Aussage ist, desto stärker reagiert unser Körper darauf. Deshalb ist es gut möglich, dass wir beim Gedanken an eine hochpeinliche Situation in unserer Jugend erröten, bei einer unangenehmen Situation im Augenblick dagegen verhältnismäßig ruhig bleiben.

Damit Ihr Körper also Ihre Gedanken und Affirmationen realisiert und akzeptiert, ist es wichtig, dass Sie Ihre Träume, Wünsche und Ziele emotional aufladen. Es muss Ihnen wirklich etwas bedeuten und wichtig sein. Dann haben Sie alle Ebenen angesprochen, die gedankliche und die körperliche. Dann wird es konkret.

8

DAS MASS DER WAHRHEIT – SEI FLEXIBEL

Der Flügelschlag eines Schmetterlings in Brasilien, so heißt es, kann einen Tornado in Texas auslösen. Das ist natürlich nur ein Gedankenexperiment. Denn selbst wenn ein Schmetterling in Brasilien einen Tornado in Texas auslösen könnte, so könnte gleichzeitig ein Schmetterling in München genau diesen Tornado verhindern. Man wird nie wissen, wie viele Schmetterlinge es genau gibt und erst recht nicht, wo sich jeder einzelne von ihnen befindet und ob sie gerade alle mit den Flügeln schlagen.

Das Gedankenspiel des »Schmetterlingseffekts« stammt von Dr. Edward Lorenz. Er forschte in den 1960er-Jahren am Massachusetts Institute of Technology in Cambridge an einem Projekt, das langfristige Wettervorhersagen verbessern sollte. Dabei stellte er fest, dass schon eine minimale Veränderung der Anfangsbedingungen zu komplett anderen Resultaten der Vorhersage führte. Um dieses Prinzip bei einem Vortrag bildlich darzustellen, wählte Lorenz den Titel: *»Predictability: Does the flap of a butterfly's wing in Brazil set off a tornado in Texas?«* So wurde das Prinzip »kleine Ursache – große Wirkung« in der Chaostheorie unter dem Namen

»Schmetterlingseffekt« bekannt. Lorenz kam zu dem Schluss, dass man nie genug Parameter in Betracht ziehen kann, um eine exakte Vorhersage zu treffen.

Unsere Welt ist sehr komplex. Um nicht verloren zu gehen und die Orientierung zu behalten, suchen wir uns Strategien und Methoden, um einerseits dem Leben eine Bedeutung zu geben und andererseits tiefe Verbindungen mit anderen Menschen einzugehen. Dabei kennt kein Mensch die absolute Wahrheit – wir können lediglich unser Bestes tun und akzeptieren, dass auch wir nur unsere Interpretation zur Wahrheit beisteuern können. Wenn wir als Körperleser das Verhalten anderer Menschen interpretieren, indem wir ihre Körpersprache deuten, sollten wir uns daher vor Verallgemeinerungen hüten.

Kein Mensch gleicht dem anderen. Der andere ist nicht nur einzigartig, sondern bleibt in gewissen Teilen immer ein Geheimnis. Alles andere wäre unmenschlich. Darüber hinaus spielt bei jeder Interpretation unser eigenes Weltbild eine große Rolle. Jeder Mensch, dem wir begegnen, ist eine Mischung aus dem, was er zeigt, und dem, was wir ergänzen, indem wir ihn zu unserem Spiegelbild machen. Seine Vorzüge und seine Fehler sind Vorzüge und Fehler, die auch in uns angelegt sind. So sind wir Menschen: vielschichtig, facettenreich und miteinander verflochten.

Es ist wie bei Lorenz' Schmetterlingen. Eine genaue Vorhersage zu treffen, in welcher Form sich ein Gedanke oder eine Emotion äußern wird, ist unmöglich. Die Palette der Möglichkeiten ist zu groß. Im Leben genau wie beim Körperlesen können kleine Dinge Großes bewirken, das Schicksal ist nie besiegelt, auch wenn es manchmal so scheint und man weiß nie wirklich, was kommen wird. Und genau das macht auch den Zauber unseres Lebens aus. Beim Schreiben dieses Buches ging es mir auch weniger darum, eine feste Definition für unser Verhalten zu finden. Es ging mir vielmehr darum, Ihnen das Rüstzeug für die beste Interpretation des Verhaltens unserer Mitmenschen an die Hand zu geben, zu der Sie fähig sein können. Standardmäßige Bedeutungen von bestimmten Gesten sind zu vereinfachend und entsprechen nicht der Wirklichkeit. Vielmehr entscheiden unsere Verfassung und der Moment über unsere Interpretation.

Ich habe dieses Buch mit einem großen Wunsch geschrieben: ein Bewusstsein zu schaffen oder zu bekräftigen, dass wir als Menschen Verbindungen zu anderen Menschen brauchen. Dass wir dabei auch mit dem Körper und unserem Verhalten sprechen, ist in uns angelegt. Es ist natürlich und macht uns zu Menschen.

Noch ein Wort in eigener Sache: Ich bin Mentalkünstler, gebe Seminare und unterstütze Menschen in meinen Coaching-Konsultationen. Alles, wovon ich in diesem Buch geschrieben habe, wende ich bei meiner täglichen Arbeit an. Es sind Hilfsmittel, die sich in meinem Alltag bestens bewährt haben. Selbstverständlich muss man ihre Anwendung üben, und manchmal weiß ich selbst nicht, wie es funktioniert. Der Punkt ist jedoch: Es funktioniert! Ich habe erst spät verstanden, dass sehr oft ich es bin, der zulässt, dass eine Methode funktioniert. Und genau so bin ich es, der manchmal zulässt, dass sie nicht funktioniert. Das Maß der Wahrheit bedeutet, dass ich eine Methode anwende, wenn ich weiß, dass es für diesen Augenblick die passende ist. Die Wirksamkeit ist das Maß der Wahrheit, was besagt, dass wir so lange nach einer Methode suchen, bis wir die funktionierende Methode gefunden haben. Ob die Methode wissenschaftlich fundiert ist oder nicht, ist in dem Moment egal, in dem die Methode die gewünschte Wirkung zeigt. Mein Kriterium ist demnach die Wirksamkeit und nicht die wissenschaftliche Beweisbarkeit eines zugrunde liegenden Prinzips. Daher kann ich die meisten Methoden in diesem Buch auch nur sehr genau beschreiben, nicht jedoch erklären.

Für mich ist Körpersprache und ihre Interpretation das Natürlichste der Welt. Vielleicht ging diese Natürlichkeit und das damit verbundene Gespür in den letzten Jahrzehnten in unserer Gesellschaft ein wenig verloren. Tatsächlich könnte man fast den Eindruck gewinnen, unsere Welt sei momentan aus den Fugen geraten. Es gibt nur einen Menschen, der das ändern kann: Sie selbst! Nur durch unser Handeln ändern wir die Dinge.

Vielleicht hilft folgende Parabel, das zu verdeutlichen:

Fünf Vögel sitzen auf einer Stromleitung. Drei Vögel entscheiden sich, wegzufliegen. Wie viele Vögel sitzen noch auf der Leitung?

Die Antwort ist natürlich: fünf. Denn die Entscheidung allein ist nichts wert. Nur wenn eine entsprechende Handlung erfolgt, ist die Entscheidung sinnvoll.

Und weil ich offen versteckte Geheimnisse so liebe, habe ich einen letzten praktischen Leitfaden für unser Handeln in den Überschriften dieses Buches versteckt. Ich habe es im Kapitel über die Architekten unserer Existenz bereits angedeutet: Die nicht verborgenen Geheimnisse sind manchmal am schwierigsten zu entdecken. So habe ich beim Schreiben in jeder Kapitelüberschrift einen Ansatz für unser Handeln, Verhalten und Miteinander versteckt. Erst in ihrer Gesamtheit werden die Ansätze zu einem Grundsatz.

Wenn Sie handeln, dann seien Sie dabei

- frei,
- bewusst,
- konzentriert,
- anwesend,
- liebevoll,
- kraftvoll
- und flexibel.

Das ist der letzte Grundsatz, den ich Ihnen als Körperleser mit auf Ihren Weg geben möchte. Es ist ein Weg voller Abenteuer und Verbindungen. Ich liebe es jeden Tag, ihn zu gehen, und ich freue mich jetzt schon darauf, Ihnen dort eines Tages zu begegnen.

DANK

Der Löwenanteil dieses Buches entstand während des Corona-Lockdowns, also einer Zeit der Isolation und erzwungenen Einkehr. Ich hatte das große Glück, diese Zeit mit den besten Gefährten verbringen zu können, die es in Isolation überhaupt geben kann.

Daher gilt mein größter Dank meiner Familie:

Meiner Frau Christiane, ohne deren Unterstützung ich dieses Buch nicht hätte schreiben können. Du bist und bleibst meine Magierin.

Meinen wunderbaren Kindern Carlotta, Vincent und Marlena, die immer verständnisvoll waren, wenn ich mich zurückgezogen und um (noch mehr) Ruhe gebeten habe, und die mich mit ihrer grenzenlosen Lebensfreude täglich anstecken. Ihr seid einfach großartig.

Außerdem danke ich Silvia Carrera, die in dieser Zeit bei uns gestrandet war und sofort ein Teil der Familie wurde (»Corona ist ain Schaise …«).

Des Weiteren danke ich:

Dr. Sybille Beck fürs Lektorieren und die gute Zusammenarbeit, Tobias Gerlach, Steffi Rinsche, Clara, die ich leider schon lange nicht mehr gesehen habe, Heiko Neumann, Anne Wohlert, Oliver Kuhn, Pascale Breitenstein, Yannic Lühmann, meinen Eltern, Thomas »endlich sitzen« Darchinger, Katharina Schwarz, Dominik Chudzinsky, Serge und Gloria King, Satori, Alexander de Cova, Frank und Imke Salzmann, Freddy Kremer sowie allen meinen Lesern, Zuschauern und Seminarteilnehmern, denen ich meinen Erfolg verdanke.

QUELLEN

Literatur

Birdwhistell, Raymond L.: »Background to Kinesics«. In: *ETC: A Review of General Semantics* 1955, Vol. 13,1.

Birdwhistell, Raymond L.: *Introduction to Kinesics*, University of Louisville Press 1952.

Birdwhistell, Raymond L.: »The Kinesics Level in the Investigation of the Emotions«. In: *Expression of the Emotions in Man*. New York 1963, International Universities Press.

Blanchard, Kenneth und Johnson, Spencer: *Der Minuten Manager*, Rowohlt 1983.

Cain, Susan: *Still: Die Kraft der Introvertierten*, Goldmann 2013.

Chandler, Raymond: *Der große Schlaf*, Diogenes 2019.

Collins, Jim: *Good to Great*, Random House Business 2001.

Connelly, Michael: *Schwarzes Echo*, Droemer Knaur Verlag 2014.

Covey, Stephen R.: *Die sieben Wege zur Effektivität*, Campus 1992.

Ekman, Paul, und Friesen, Wallace V.: *The Repertoire of Nonverbal Behavior: Categories, Origins, Usage and Coding*. Semiotica, 1969, 1, 49–98.

Epiktet: *Handbüchlein der Moral*, Reclam 1992.

Exline, Ralph V.; Fehr, B.J.: »Applications of Semiosis to the Study of Visual Interaction«. In: Aron W. Siegman, Stanley Feldstein (Eds.): *Nonverbal Behavior and Communication*. Hillsdale, New Jersey, 1978: 117–157.

Fast, Julius: *Körpersprache*, Rowohlt 1972.

Goffman, Erving: *Presentation of Self in Everyday Life*. Garden City, N.Y., Doubleday 1966.

Goffman, Erving: *Behaviour in Public Places*. The Free Press 1969.

Givens, David: *Körpersprache der Liebe*, Goldmann 2006.

Gladwell, Malcolm: *Blink! Die Macht des Moments*, Piper 2007.

Herrigel, Eugen: *Zen in der Kunst des Bogenschießens*, Otto Wilhelm Barth 1965.

Kehlmann, Daniel: *Die Vermessung der Welt*, Rowohlt 2005.

King, Serge Kahili: *Der Stadt-Schamane*, Lüchow 1998.

King, Serge Kahili: *Ihr Körper glaubt, was Sie ihm sagen*, Lüchow 2014.

Kurtz, Gary: *Leading with Your Head*, 1992.

Libet, Benjamin: »Do we have free will?« In: *Journal of Consciousness Studies* 6.8–9, 1999, 47–57.

Long, Max Freedom: *Geheimes Wissen hinter Wundern*, Schirner 2013.

Moers, Walter: *Ensel und Krete*, Goldmann 2002.

Moers, Walter: *Die 13½ Leben des Käpt'n Blaubär*, Eichborn 1999.

Molcho, Samy: *Körpersprache*, Mosaik 1983.

Morris, Desmond: *Bodytalk*, Heyne 1997.

Nielsen, Gerhard: *Studies in Self Confrontation*. Munksgaard-Howard Allen o.J..

Peale, Norman Vincent: *Die Kraft des positiven Denkens*, Lübbe 1992.

Pease, Allan und Barbara: *Die kalte Schulter und der warme Händedruck*, Ullstein 2004.

Rowland, Ian: *Super Psychic Readings*, Ian Rowland Limited 2019.

Ruiz Zafón, Carlos: *Der Schatten des Windes*, Fischer 2013.

Seneca: *Briefe an Lucilius (Epistulae morales ad Lucilium)*, 62 n. Chr. 107. Brief. Übersetzt von Otto Apelt (1924). Seneca übersetzt hier Kleanthes.

Swāmi Hariharānanda Āranya: *Yoga Philosophy of Patañjali with Bhāsvatī*, Calcutta University Press 2000.

Tamariz, Juan: *Die fünf magischen Punkte*, Magic Hands 1982.

Timmerberg, Helge: *Die Straßen der Lebenden*, Piper 2019.

Watzlawick, Paul, Beavin, Janet H., Jackson, Don D.: *Menschliche Kommunikation, Formen, Störungen, Paradoxien*, Verlag Hans Huber 2003.

Wells, Benedict: *Vom Ende der Einsamkeit*, Diogenes 2018.

Internet

http://www.philosophieverstaendlich.de/freiheit/aktuell/libet.html

https://bigthink.com/personal-growth/stockdale-paradox-confronting-reality-vital-success

https://lexikon.stangl.eu/10640/confirmation-bias-bestaetigungsfehler-bestaetigungstendenz/

https://sz-magazin.sueddeutsche.de/leben-und-gesellschaft/stillstand-irritiert-uns-83331

https://www.aphorismen.de/zitat/72505

https://www.focus.de/finanzen/karriere/management/rhetorik/tid-282/lampenfieber_aid_5432.html

https://www.huffpost.com/entry/emblematic-slips_b_11895580

https://www.sueddeutsche.de/leben/corona-masken-mimik-1.4922844

https://www.tagesspiegel.de/wissen/kolumne-was-wissen-schafft-warum-wir-das-echte-lieben-auch-wenn-es-teuer-ist/9702656.html

https://www.udo-lindenberg.de/sixcms/detail.php?id=166341&template=d_udo_mobil_news_detail

Weitere Informationen zu Thorsten Haveners

Online-Angebot

und zu seinen

Coaching-Konsultationen,
Seminaren
und
Vorträgen

erhalten Sie unter:
www.thorsten-havener.com

Follow us on social media

DER AUTOR

Thorsten Havener absolvierte sein Studium zum Diplom-Übersetzer für Englisch und Französisch in Saarbrücken und Monterey. Er vermittelt seit über 30 Jahren sein Wissen als führender Experte für Körpersprache, Wahrnehmung, Verhaltenspsychologie, Illusion und Gedächtniskunst. Seine Bestseller erreichten ein Millionenpublikum und wurden in 16 Sprachen übersetzt. Die *Süddeutsche Zeitung* bezeichnete ihn als »angehendes Weltwunder«.